신과학 복잡계를 지배하는 나라,
21세기 세계의 초강대국이 될 것이다.

신과학 복잡계 이야기

통달스님과 함께 듣는- 유쾌한 108문답

신과학 복잡계 이야기

2010년 10월 4일 1판 1쇄 인쇄
2010년 10월 9일 1판 1쇄 발행

저자   최창현
펴낸이   김인현
펴낸곳   도서출판 종이거울
영업국장   법월 김희중

디자인   선연
인쇄   금강인쇄(주)
등록   2002년 9월 23일(제19-61호)
주소   경기도 안성시 죽산면 용설리 1178-1
전화   031-676-8700
서울사무소 서울시 송파구 잠실동 312-23 201호
전화   02-419-8704
팩스   02-336-8701
E-mail   dopiansa@kornet.net
홈페이지   www.dopiansa.com

© 2010, 최창현

ISBN 978-89-90562-32-6   03100

萬里無雲 불교지도자의 교양필수 4

신과학 복잡계 이야기

| 글·최창현 |

종이거울

이 책은 송암스님의 제의로 불교지도자 교양서 시리즈의 하나로 쓰게 되었는데, 복잡계라는 학문에 대한 소개를 하기도 전에 매우 복잡하다는 선입견부터 갖는 다수의 독자들에게 비교적 쉽게 단순하게 접근하여 누구나 실생활에 접목할 수 있는 보다 대중적 학문으로 거듭났으면 하는 학자로서의 소망을 담아 보았습니다.

세상을 살다보면 유행이라는 것을 완전히 무시하고 살 수는 없는 법입니다. 대학에서 학생들을 가르치는 직업의 특성도 있지만 시대 흐름의 공감대를 갖기 위해 요즘 젊은이들이 열광하는 랩은 물론이고 최신가요 몇 곡쯤은 마스터 해둬야 한다는 것이 필자의 평소 지론입니다.

'오래된 것이 아름답다' 라는 덕목도 물론 중요하겠지만 발 빠르게 변하는 세상 속에서 내 것만 고집하기보다는 상대의 것에도 눈과 귀를 열어둠은 물론

신과학 복잡계 이야기

이요, 마음까지 활짝 열어두는 미덕이 필수라고 생각합니다.

　신과학이라 할 수 있는 복잡계는 21세기의 대세이며 필수입니다.

　그러나 아무리 좋은 음악이라도 흥이 나지 않으면 듣는 이에게는 그저 소음일 뿐이듯, 복잡계가 미래지향적인 신과학 학문이라고 해도 대중의 흥미를 유발하지 못해 외면을 당한다면 아무 의미가 없을 것입니다.

　그리고 이 책은 복잡계에 대한 54개의 소주제를 놓고 통달스님과 주고 받는 대화형식으로 구성되었습니다. 따라서 자연히 질문과 대답이 이어져 108문답이 된 것입니다.

　아무쪼록 융복합의 물결이 세상을 바꾸고 있는 속에서 부디 불교지도자이신 스님들을 위시한 독자들께 복잡계가 매우 흥미로운 학문으로 다가갔으면 합니다.

　이 책을 집필하도록 기회를 주신 송암스님과 편집자 문종남 선생님, 복잡한 복잡계 이론을 놀라울 정도로 단순하게 대화체로 다듬어 주신 장남수 선생님께 무한한 감사를 드리며, 표지 디자인에 도움을 준 큰딸 최유나에게도 고마운 마음을 전하며, 끝으로 항상 나에게 지적 호기심과 초인적인 연구열정을 보여 주시는 한국외국어대학의 행정학과 황성돈 교수님께 감사드립니다.

2010. 9.

해송에 둘러싸인 관동대학교 연구실에서

최창현

prologue

프롤로그 – 만남

　통달스님을 만나러 간 날은 장마철이라 습도가 높았다. 그 탓으로 유난히 칭칭 감기는 바지도 짜증스러웠지만 간밤에 숙면을 취하지 못해서인지 잔뜩 흐린 하늘만큼 맑지 못한 내 머릿속은 마치 복잡하게 엉킨 실타래처럼 말 그대로 복잡계, 그 자체였다.

　직업의 성격상 많은 사람들을 만나는 나로선 첫인상을 매우 중요하게 여기는 편인데 사회적, 종교적으로 존경을 받는 스님과의 첫 만남에서 개운하지 못한 몸 상태 때문에 좋지 않은 이미지를 줄까봐 유난히 신경이 쓰였다. 그러나 그것은 기우였다.

　늘 만나던 이웃처럼 다정하게 두 손을 맞잡으며 악수를 청할 때, 땀으로 축축한 나와는 반대로 스님의 손바닥 기운은 보송보송 하다못해 시원함이 전해져 왔다.

　"이렇게 더운 날씨에 여기까지 오시게 해서 미안합니다. 대신 제가 최창현 박사님께 시원한 빙수를 대접하겠습니다.”

얼음이 둥둥 뜨는 냉수 한 사발만 마시면 소원이 없을 것 같다는 내 마음자리를 단박에 알아차린 듯 통달스님은 뒤뜰로 나를 인도하였다.

아름드리 느티나무 아래 화강암으로 만든 돌탁자를 사이에 두고 돌의자에 스님과 마주앉자, 어디선가 시원한 바람이 불어왔다. 순간, 거짓말처럼 머리가 맑아지기 시작하면서 마치 다른 세상으로 건너온 듯 내 눈이 갑자기 크게 떠졌다.

때마침 내온 빙수위에 뿌려진 미숫가루와 시럽을 조심스럽게 섞고 있는데 통달스님은 당신 몫의 빙수를 힘 있게 팍팍 버무리더니 크게 한 숟가락 입안에 떠 넣고 아작아작 씹는데 그 모양새가 영락없는 장난꾸러기 아이얼굴이다.

“빙수는 숟가락으로 푹푹 떠서 머릿속이 찡하게 울리도록 드셔야 제 맛입니다. 녹차를 얼린 물이니 쭉 드시면 곧 머리가 맑아지실 겁니다.”

통달스님은 마치 내 머릿속을 한번 휘—이 둘러보고 나온 사람처럼 아무렇지도 않게 말했지만 내가 받은 첫인상은 복잡계를 단순계로 만드는 특별한 재주를 지닌 분이구나 하는 것이었다.

느티나무 아래로 불어오는 시원한 바람 탓인지 녹차빙수는 잠시 후 냉녹차가 되어 있었다. 스님이 은연중에 내보여준 편안함 덕분에 나는 아무렇지도 않게 그릇째 벌컥벌컥 마셨다. 순간 가슴까지 시원하고 얼얼하면서 정신이 번쩍 들었다.

“어젯밤에 늦도록 책을 보느라 그만 잠을 못 잤더니…….”

빙수그릇을 내려놓으며 민망스런 웃음을 지어보이자 통달스님은 다소 짓궂게 물어본다.

“집에 계신 사모님께 꾸지람은 안 들으셨습니까?”

“낮에 보면 좋을 텐데 몸을 해쳐가면서 밤늦도록 책 읽는 버릇을 이해할 수 없다며 잔소리께나 듣습니다. 하하하…….”

“세상에 어디 이해할 수 없는 것이 그것뿐이겠습니까? 사실 알고 보면 세상만물 모든 것을 이해한다고 하기보다는 무조건 받아들여야 한다는 게 옳을 듯 합니다.”

“예에~~~”

처음 장난꾸러기 아이 같은 표정은 어디로 가고 통달스님은 어느새 진지한 모습을 하고 있었다. 함부로 흉내 낼 수 없는 청량한 구도자의 모습으로 내 앞에 앉아서, 연둣빛 새순처럼 부드러운 미소를 짓고 있었다.

“박사님, 컨디션도 별로 안 좋으신 것 같은데 제가 오늘 공부 욕심을 좀 부려도 될까요?”

“아니, 별말씀을 다 하세요~. 녹차빙수 덕분인지 이제 거뜬해졌습니다.”

“하하…. 다행입니다. 최 박사님께서는 복잡계라는 학문을 연구하시게 된 동기가 무엇입니까?”

스님의 질문과 동시에 아직은 여름이란 걸 잊었는지 노랗게 물든 성질 급한 느티나무 잎사귀 하나가 나비처럼 포르르 떨어져 돌탁자 위로 내려앉는다.

갑작스런 질문에 나도 모르게 떨어진 잎사귀를 주어들고 만지작거리며 미국 유학시절의 이야기부터 스님께 풀어놓기 시작했다.

“복잡계에 대해 공부하기로 마음먹은 결정적인 계기는 합리적 관료제 Bureaucracy라는 미명하에 온갖 비합리적인 형태가 만연되어 있는 군생활의 경험과 회사생활에서 느낀 경험, 그리고 미국에서 공부할 때 교수님이 카오스 이론에 관한 글을 수업시간에 소개한 것을 들은 경험 때문이었습니다. 그 당시에는 저의 박사논문을 쓰느라 별 필요성을 느끼지 못했고, 또한 그 중요성도 실감하지 못했습니다. 그렇지만 귀국 후 평생 연구주제로 삼을 공부거리를 생각하다 1992년 미국 심리학회 지회인 카오스학회의 제1회 국제학술대회가 버클리대에서 개최되어 거기에 논문을 발표하면서 세계 각국의 많은 학자들의 연구동향을 접하고 학문적 지적 호기심이 발동하게 되었습니다.

미국의 과학평론가 페이겔스 박사는 "복잡계를 지배하는 나라가 21세기 세계의 초강대국이 될 것"이라고 했습니다. 예측 가능성과 질서, 안정성을 특징으로 하는 뉴턴적 기계론적 패러다임을 근간으로 한 기존 국가운영전략으로는 치열한 국가 간 경쟁과 급격하고 예측 불가하며 복잡한 환경변화를 수반하는 미래사회에 대처할 수 없다는 지적이었습니다.

이른바 '복잡계 이론'을 모르고선 강대국 진입을 꿈도 꾸지 말라는 이야기입니다.

복잡계 이론은 노벨 경제학상 수상자인 에로우Arrow와 물리학상을 받은 앤더슨Anderson, 겔만Gell-Mann 등이 1984년 미국 산타페연구소에 모여 시작한 신과학 운동으로 이후 사회과학 분야에도 적용되기 시작했습니다.

저는 1997년 미국에 객원교수로 있을 당시 삼성경제연구소의 부탁으로 산타페연구소를 방문하게 되었는데, 그때 생물학 박사·물리학 박사·경제학 박사 등이 통섭적으로 학제 간 연구를 하는 것을 보고 많이 부러워서 동년 보스턴 MIT대학에서 열린 제1회 복잡계 학회에 논문을 발표하게 되었습니다.

이제까지 200여년 넘게 과학의 지배적인 패러다임으로 군림해온 뉴턴의 기계론적 우주관을 대치할 만한 마땅한 대안이 없다는 사실이 뉴턴의 기계론적 우주관에 맹목적으로 매달려야 한다는 이유를 정당화 해 줄 수는 없습니다. 불확실성 및 혼돈 속의 질서로 특징 지워지는 이 시대에 뉴턴의 패러다임을 수정 내지는 보완, 혁신해 주는 새로운 패러다임을 이제는 찾아봐야할 시점이라고 생각합니다.

변화무쌍한 구름의 모습, 계곡에서 흐르는 급류의 움직임, 흔들리는 불꽃, 주식의 급격한 등락, 인터넷과 사회의 거미줄망 등은 매우 불규칙하고 예측하기 어렵고 복잡한 모습을 보여주는데 이런 복잡한 현상에 대한 시스템적 고찰을 초세계화 시대의 국가전략 수립 등과 같은 사회체제의 연구에 적용할 수 있을 것입니다."

호기심 가득한 맑은 눈빛을 반짝이며 내 이야기에 귀를 기울여주는 통달스님에게 나도 모르게 신명이 나서 마치 아이처럼 복잡계에 대한 이야기를 한꺼번에 쏟아내기 시작했다.

"우리 절에선 옷깃만 스쳐도 인연이라고 합니다. 최창현 박사님께서는 세상 속 학문을 제게 알려주시고자 선생님의 인연으로 이리 오셨으니 저는 오늘 아무것도 모르는 어린아이가 되어 볼랍니다. 어리석고 부족한 질문이라도 어여삐 보아주시길 바랍니다."

나무그늘 아래로 시원한 바람이 불자 갑자기 매미가 소리 내어 울기 시작하고, 어느새 내 머리는 산사의 고요한 아침처럼 맑게 개어 있었다.

1— 세상을 분해하여 이해하는 것만이 올바른 방향일까?

통달스님 인간을 분해하여 장기와 세포, 분자 수준으로 파헤쳤음에도 불구하고 왜 고도의 사고 작용과 정신세계는 여전히 미해결의 문제로 남아 있는 것일까요? 세상을 분해하여 이해하는 것만이 과연 올바른 방향일까요?

최창현 박사 지금까지 과학이론들은 세상의 여러 가지 복잡한 현상의 구성요소를 지배하는 몇 가지 단순한 법칙을 규명함으로써 이해할 수 있다고 믿었습니다.

이 믿음은 시스템을 각각의 구성요소로 분해하고 분석하는 수많은 과학적 방법론을 이끌어 냈고, 오늘날 과학문명의 사상적 토대가 되었습니다.

마치 시계를 최소단위로 분해하고 이를 다시 결합할 수 있듯이 우
주만물은 최소단위인 원자로 쪼개질 수 있고, 이를 다시 재결합할
수 있다는 원자론 및 기계론을 근간으로 하는 질서정연한 우주관을
갖는 뉴턴의 기계론적 우주관이 그동안 지배적인 패러다임으로 사
람들의 마음속에 자리 잡아 왔기 때문입니다.

통달스님　　그러니까 인간의 오장육부나 두뇌의 기본 요소인 세포가 모여 기관
이 되고 종국적으로는 사람의 인체가 되는 것인데, 세포나 기관을
이해했다고 해서 인간의 심오한 두뇌기능을 연구하는 인지과학을
다 이해했다고 볼 수는 없다 그것이지요?

최창현 박사　　예에, 그렇습니다.

 신과학 복잡계 이야기

2— 복잡계란 무엇인가?

통달스님　　그럼 바로 본론으로 들어가지요. 복잡계란 무엇입니까?

최창현 박사　　복잡계complex system란, 수많은 구성요소들의 상호작용을 통해 구성요소 하나하나의 특성과는 사뭇 다른 새로운 현상과 질서가 나타나는 시스템을 말합니다.

간단히 말해서 복잡계 이론은 아무리 복잡한 체제라도 단순한 규칙에 의해 지배된다는 것입니다. 예를 들어 하늘을 나는 새나 바다 속의 물고기를 생각해 보면 이들은 매우 복잡한 행태를 보이면서 이동하지만 절대로 서로 충돌하는 법이 없습니다.

통달스님　　그렇군요, 언젠가 새떼가 하늘을 가득 채우며 날아다니는 풍경을 본 적이 있는데 엄청난 무리들이 단 한 마리의 이탈이나 충돌없이 춤을 추듯 일사분란하고 교묘하게 나는 풍경이 매우 경이로웠던 기억이 있습니다.

최창현 박사　컴퓨터로 그들의 단순한 세 가지 규칙 1.앞에 가는 새가 리더 2.일정한 거리 유지 3.일정한 속도유지만을 프로그램화 하여 모의실험 한 결과, 새 무리가 서로 충돌하지 않으면서 모든 장애물을 피해 날아가는 것으로 입증이 되었습니다.

이러한 모의실험과 자연계의 현상이 시사하는 바는, 사회체제가 복잡하기는 하지만 그동안 우리가 고안한 관리원칙이 너무 많고 복잡하지 않은가? 하는 의문들이 복잡계라는 학문의 시작이라고 할 수 있습니다.

통달스님　박사님의 설명을 들으니 갑자기 복잡계가 더욱 흥미로워집니다. 이게 적당한 비유인지는 모르겠으나 박사님의 이야기를 들으니 문득 그런 생각이 듭니다.

세상의 수많은 사람들이 다양하게 살아가면서 나름대로 고도의 문명을 누리고 사는 양 뽐내며 헝크러진 실타래처럼 복잡하게 얽혀 살아가고 있지만 결국은 먹고, 배설하는 단순한 원초적 규칙만이 인간의 생명을 유지시켜 주는 것이 아니겠습니까?

최창현 박사　먹고, 배설… 아하! 그~그렇습니다.

통달스님　박사님께서 너무 진지하셔서 제가 농담을 좀 했습니다.

최창현 박사　제가 원래 고지식한 편이라서…, 유머에 좀 약한 편입니다.

통달스님　학자들이 그렇습니다. 하나에 꽂히면 다른 것은 아무것도 볼 줄 모르는 집중력이 어떤 면에서는 저희 수행자들과도 많이 비슷하지요. 아무튼 인간의 삶을 좀 더 단순화 해야 하지 않을까요. 지켜야 할 법이나 관리원칙이 너무 많아 혼란스러울 정도로 복잡해졌고, 그 복잡

신과학 복잡계 이야기

한 삶을 단순화 시키기 위해 복잡계과학이 등장한 것이 아닌지요.

최창현 박사 "복잡계는 그 특징이 구성요소들을 이해하는 것만으로는 완벽히 설명이 되지 않는 시스템이며, 상호작용을 하며 얽혀 있는 많은 부분, 개체, 행위자들로 구성되어 있다"고 머레이 겔만은 말하고 있습니다.

또한 "복잡계는 무수한 요소가 상호 간섭해서 어떤 패턴을 형성하거나 예상 외의 성질을 나타내거나, 각 패턴이 각 요소 자체에 되먹임되는 시스템이며, 시간의 흐름에 따라 끊임없이 펼쳐지는 과정에 있는 시스템이다"라고 브라이언 아더는 말하기도 합니다.

3— 뉴턴의 기계론적 우주관과 복잡계의 우주관은 어떻게 다른가?

최창현 박사 원자론 및 기계론을 근간으로 단순하고 질서정연한 세계관을 갖는 뉴턴의 기계론적 패러다임에 입각한 전통적인 과학은, 작은 입력으로 균등하게 작은 효과를 거둘 수 있는 선형관계 및 인과관계가 관심의 대상이며, 안정·질서·평형 등을 강조하는 경향이 있습니다.

이에 반해 혼돈이론은 작은 입력으로 막대한 효과를 유발시킬 수 있는 비선형관계 및 순환고리적 상호관계, 그리고 시간의 흐름에 더욱 민감한 일시성 등에 주의를 돌리고 있습니다.

통달스님 근대의 지배적인이었던 패러다임이 기계적 세계관과 요소환원주의를 두 축으로 하는 이른바 기계론적 패러다임이었다고 한다면, 21C의 조류는 생명적 세계관과 전일주의를 두 축으로 하는 생명론적 패러다임이라고 할 수 있는 것 아닙니까?

최창현 박사   그렇습니다. 스님께서 정확하게 알고 계시는군요. 그러한 과학사
상의 변화에서 현대의 신과학과 동양사상은 이원론을 배격하며, 전
일주의에 입각하여 종합적 관점을 갖는다는 점에서 공통점이 있습
니다. 특히 도교철학의 음양사상은 주관주의에 입각하여 직관적 방
법으로 다多에서 일一을 보려 하고, 일체를 변화로서 초월적으로
보려하며, 전일주의적 입장에서 공진화를 설명하지요.

자연의 질서를 의미하는 도는 끊임없는 운동과 변화의 순환성을 강
조합니다. 특히 도의 순환양식은 '음 · 양'의 원리와 역동적인 상호
작용에 의해 생겨나기 때문에, 대칭적 순환운동은 동적 프로세스이
며, 생태학적 관점이고, 전체주의적 자기조직화 세계관이라 하겠습
니다.

이처럼 도가에서는 자연 속의 모든 변화를 '음 · 양' 간의 역동적인
상호작용의 결과로 보았기에 분석적 · 대립적 · 역설적 · 인위적 대립
이 아닌 모든 패러독스들의 내재적 통일을 강조할 수 있는 것입니다.

통달스님   그렇다면 그동안 서구에서 발전하여 온 과학의 방법론이나 패러다
임이 동양적인 것들로 대체되어야 한다고 박사님은 보시는 겁니까?

최창현 박사   아~그건 아닙니다. 왜냐하면 동양사상과 서양과학은 각기 나름대
로의 의미가 있는 것이고 서로 보완적인 성격을 충분히 갖고 있기
때문입니다.

통달스님   동양사상이 전체적이고 직관적이라면 서양의 과학은 세부적이고
연역적이기 때문에 서로 보완관계가 될 수도 있겠군요.

최창현 박사   그렇습니다만, 신과학과 동양사상이 기본적인 세계관에서 유사성과

공통점이 있다고 하더라도, 이 둘을 융합하는 것은 중요하면서도 대단히 어려운 문제임은 틀림없습니다. 카오스이론 등 복잡성과학과 동양사상은 서로 일치점과 유사점이 많음에도 불구하고 필요성만큼 그렇게 많은 연구가 이루어지고 있지 않은 것이 현실입니다. 다만 연구내용의 전달과 은유의 방법으로써 부분적으로 인용되거나 언급되는 정도입니다. 더구나 서구의 자연과학, 특히 물리학에서 발전한 이론을 사회과학 분야에 적용하는 과정에는 필연적으로 의인화의 오류가 있다고 볼 수 있습니다. 다시말해 자연현상에 적용되는 법칙을 사회체제에 적용함으로써 비롯되는 의인화의 오류가 있습니다.

【 표 】 기존의 과학과 복잡성과학의 관점 비교

전통적 과학	복잡성과학
평형, 균형 시스템	비평형, 평형에서 먼 시스템, 불균형
선형적 인과관계	비선형 순환적 인과관계
부정피드백	긍정피드백
패러독스 부정	패러독스 인정
예측 가능성	예측 불가능성
분석적 환원주의	통합적 전일주의

통달스님 　복잡성과학의 철학적 배경을 심오하고도 역사 깊은 동양사상에서 찾을 수 있다면 그것은 참으로 의의 있는 일이 될 것 같군요.

최창현 박사 　혹, 스님께서도 '나비효과'라는 말을 들어보셨습니까?

통달스님 　아마존의 나비가 날개짓을 하면 뉴욕에는 토네이도가 발생한다고 했던가요? 영화 '나비효과'를 흥미있게 보았습니다.

최창현 박사 그렇습니다. 처음의 상태, 즉 초기조건이 약간만 달라도 그 이후의 결과는 엄청나게 달라지는 것을 '초기조건의 민감성'이라 하는데, 이것 때문에 오랜 시간 후의 상태에 대한 예측을 할 수 없는 것입니다. 로렌츠는 이 현상을 '브라질의 나비가 날개를 팔랑거리면 텍사스에 폭풍우가 오는가?'라는 논문을 발표했는데, '나비효과Butterfly Effect'라고 세상에 알려지게 되었습니다.

통달스님 '초기조건의 민감성'이라…, 사소한 것이라 여겼지만 시간이 지난 후에 상상할 수 없는 결과를 가져오는 경우가 우리네 인생사에서도 흔한 일이지요.

최창현 박사 모든 사회조직들도 자연계와 마찬가지로 복잡계입니다. 생성·소멸·변이·진화·갈등·대립·투쟁·협동 등의 모든 자연현상은 바로 사회적 현상이기도 합니다. 따라서 카오스 및 복잡계 이론은 사회문제를 바라보는 관점에 새로운 패러다임을 제공하는 것입니다.

통달스님 카오스 이론과 함께 최근 복잡성복잡계과학이 부쩍 관심의 대상이 되고 있다고 하더군요.

최창현 박사 예, 연구활동도 매우 활발하게 전개되고 있는 양상입니다. 복잡성

【 표 】복잡성 관련 개념들

자기조직화(Self-organization)	진화(evolution)
창발성(emergence)	민감성(sensitivity)
계층성(hierarchy)	분기(bifurcation)
자기유사성(self-similarity)	경로의존성(path-dependence)
피드백(feedback)	임계성(criticality)
끌개(attractors)	공진화(coevolution)

과학 또한 기존의 과학이 설명하고 있지 못한 자연현상과 생명현상 및 진화에 대한 통일된 이론을 추구하고 있어 카오스이론의 발전된 형태라 할 수 있습니다. 복잡성 개념에 대해 미국 산타페연구소의 가르시아Garcia 는 카오스이론을 포함한 복잡성과학이 포괄하는 여러 핵심들을 앞의 표에서처럼 자기조직화와 진화의 두 범주로 나누어 그 특성을 설명하고 있습니다.

자기조직화는 낮은부분 차원의 상호작용으로부터 높은전체 차원의 질서가 어떻게 생성되는가에 관해 초점을 맞추는 개념입니다.

이 범주에는 독립적인 행위자들 간의 상호작용으로부터 단순히 개별적 행동의 집합으로는 설명할 수 없는 특질을 갖는 창발성, 느슨하게 상호 연결되어 있는 방식으로 거시와 미시를 연계시켜주는 계층성, 부분과 전체가 서로 닮아 있는 구조를 의미하며 프랙탈 구조를 지니는 자기유사성, 현실적으로 존재하는 패러독스들은 상호보완적 편차 · 증폭 순환과 편차 · 상쇄 순환 간의 자기조직화적 과정으로 이해해야 한다는 피드백, 그리고 카오스 속의 질서는 위상공간 상에 그림으로 그릴 경우에 특정 경계를 벗어나지 않고, 비록 무작위적 행태를 보이지만 특정 경계 내에서만 무작위성이 발생한다는 이미지를 제시해 주는 끌개, 등이 있습니다.

한편, 진화는 시스템이 어떻게 무작위적으로 예측 불가능하게, 그러나 마치 지능이 있는 것처럼 시간의 흐름에 따라 진화해 나아가는지에 대해 초점을 맞춘 개념입니다.

이 범주에는 초기조건에서의 사소한 변화가 시스템의 진화에 엄청

        신과학 복잡계 이야기

난 영향을 끼칠 수 있다는 초기조건에의 민감성, 작은 변화의 결과로 갑작스럽고도 극적인 질적 변화가 발생하는 분기현상, 분기점에서 환경과 사소한 사건이 결합되면 실제 어떠한 창발적 결과가 발생될지를 알 수가 없기 때문에 역사와 운이 진화에 중요한 요소가 된다는 경로의존성, 복잡계가 임계상태에 있을 때 엄청난 변화를 촉발하게 된다는 임계성, 그리고 각 구성요소가 상호인과성으로 인해 상호의존적이 되어 함께 영향을 주고 받으며 시스템을 유지해 나간다는 공진화 등으로 설명하고 있습니다.

복잡계 이론은 기존의 전통적 이론과는 다음과 같은 점에서 기본적인 차이가 있습니다. 기존의 과학이론이 평형시스템, 선형적 인과관계, 부정피드백, 패러독스의 부정 등 기계적 세계관의 요소환원주의를 기반으로 발전한 것이라면, 카오스이론이나 복잡계과학은 비평형시스템, 비선형적, 순환적 인과관계, 긍정피드백, 패러독스의 인정 등 생명론적 세계관의 전일주의를 그 기본 관점으로 하고 있습니다.

4— 우리는 왜 복잡계를 알아야 하나?

통달스님 박사님, 그러면 우리가 복잡계를 알아야 할 이유는 무엇입니까?

최창현 박사 현실세계가 복잡계와 매우 유사한 특징을 가지고 있기 때문입니다. 현실세계는 시간의 흐름에 따라 빠르게 변화하며, 개별 주체의 각각의 행동이 단순히 합쳐진 것이 아니라 그 주체들의 관계와 소통이 어우러진 매우 복잡한 세상입니다.

따라서 이러한 현실세계를 보다 폭넓게 이해하기 위해서는 미시적인 분석에 치중하는 전통적인 이론들만으로는 한계가 있습니다.

통달스님 좀 더 이해하기 쉽게 예를 들어 주시겠습니까?

최창현 박사 예를 들자면 이렇습니다. 경제나 조직을 기계와 같은 것으로 간주하고 의도나 계획에 맞추어 조작할 수 있는 것처럼 보는 관점은 여러 가지 부작용을 초래할 수 있습니다.

경제나 조직은 설계하여 제작하며 조작할 수 있는 기계가 아닌 전

신과학 복잡계 이야기

형적인 복잡계이기 때문에 이러한 복잡계에 대한 정책이나 전략은 스스로 질서를 창출하고, 스스로 바람직한 상태를 찾아갈 수 있도록 조건을 마련하는 것이 되어야 합니다.

즉, 정책과 전략이 요소와 결과에 초점을 맞추기보다는 관계와 과정에 초점을 맞추어야 한다는 것을 의미합니다.

통달스님 정책이나 전략이 관계와 과정에 초점을 맞추어야 한다는 발상은 참 신선하군요.

최창현 박사 과거 200여 년간 자연과학뿐만 아니라 사회과학의 지배적인 사고방식이었던 뉴턴의 기계론적 세계관에 입각한 선형적 인과관계 법칙은 원인과 결과에 직접적인 관계가 있다고 믿어 왔습니다. 그리고 조직과 사회체제 내의 인과관계는 복잡하여 탐지하기 매우 어렵기에 많은 사람들이 단순한 인과관계를 신봉했습니다.

하지만 과학자들은 이제 자연체제를, 스스로 의사소통과 선택을 하며 새로운 형태의 행동을 창조해 나가는 생명을 지닌 것으로 생각합니다.

통달스님 새로운 형태의 행동을 창조한다는 것은 구체적으로 어떤 형태를 말하는 것입니까?

최창현 박사 인과관계에 익숙한 우리들에게는 다소 생소한 용어일 수도 있지만 비선형 순환고리관계, 분기점, 자기조직화 등인데 이러한 개념들을 쉽게 이해할 수 있도록 주변의 현상을 예로 들어 보겠습니다.

사회체제의 가장 기본적인 구성 요소인 가정불화의 문제를 뉴턴적 관점과 복잡성 이론적 관점에서 비교해 보겠습니다.

통달스님　　그것 참 재미있겠군요.

최창현 박사　종전 과학의 관점에서는 다음과 같은 명제를 구성하고 이를 실증적
으로 검증하려 할 것입니다. 여기서 명제란 개념 간의 관계를 의미
합니다.

| 가정불화에 대한 명제 | **아내가 바가지를 많이 긁을수록 남편의 귀가시간이 늦어진다**

뉴턴적 관점에서는 남편의 귀가시간에 따른 아내의 불만 정도는 반
드시 일률적으로 비례하는 것은 아니지만 선형 관계로 가정합니다.
그러나 복잡계 이론의 특성인 비선형성을 도입하면 다음 두가지 그
림과 같이 표현할 수 있습니다.

【 그림 】2가지 비교(선형과 비선형)

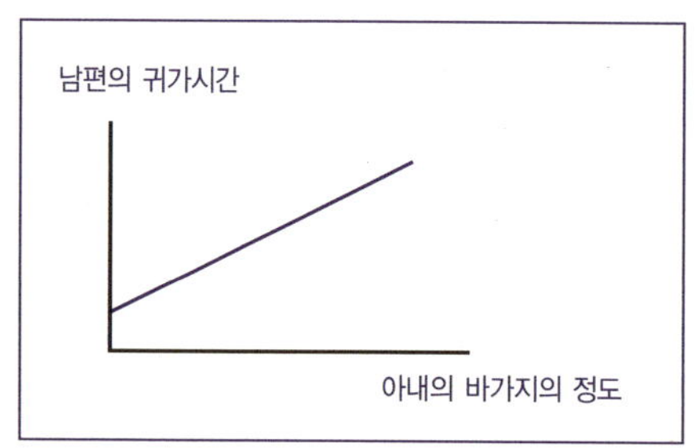

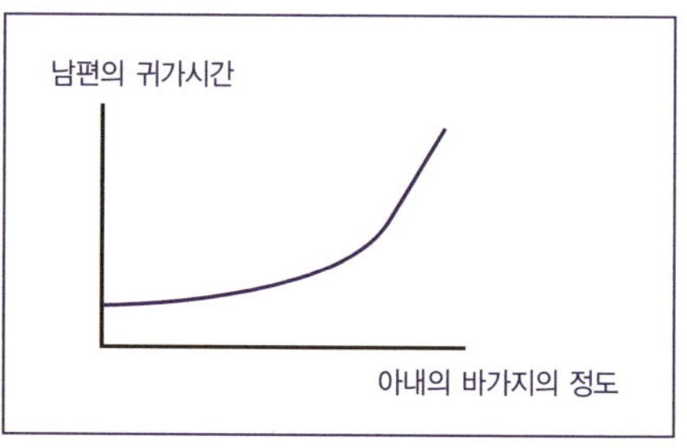

모든 현상에는 원인과 결과가 존재하고 그 인과관계를 규명해내면
결과를 예측할 수 있다는 것이 뉴턴 패러다임입니다. 아내의 바가지→남
편의 귀가시간 그러나 복잡계 이론에서는 우주 삼라만상에는 상호 인
과적 순환고리가 작용한다고 봅니다.

인과관계로만 보면 아내가 바가지를 긁기 때문에원인 남자의 귀가

32

시간이 늦어지는 결과를 초래한다고 해석하지만, 순환고리적 관계로 보면 남편이 늦게 들어오기 때문에 아내가 바가지를 더 긁는 것입니다. 이러한 현상이 반복되면 분기점에서 폭발하여 가정불화라는 악순환고리에 빠지게 되는 거지요. 빈곤, 부정, 부패, 정경유착 등 모든 사회현상에서 이러한 악순환의 고리를 찾을 수 있습니다. 뉴턴적 관점에서는 선형성에 기초하므로 초기조건이 조금 변해도 그 결과치는 별 차이가 없으나, 복잡계적 관점에서 보면 초기조건의 민감성나비효과으로 인해, 또 비선형성과 순환고리에 의해 초기조건의 작은 차이가 걷잡을 수 없이 증폭되어 그 결과치에 엄청난 영향을 미칠 수도 있습니다. 앞의 예에서 사랑이 견고한 경우, 즉 평형체제에 있으면 사소한 사건이 가정불화로 인한 파경으로 치닫지 않으나, 사랑의 정도가 약할 경우, 즉 비평형상태에 있으면 사소한 사건이 발단이 되어 파경에 이르는 경우도 있는 것입니다.

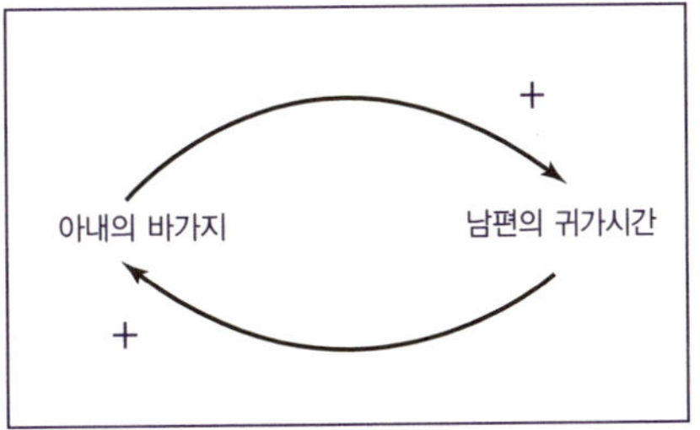

통달스님 결국 작은 일이 큰 일을 일으키는군요. 아주 이해하기 쉬운 예를 들어주셔서 귀에 쏙쏙 들어옵니다. 근데, 혹시 박사님 경험담이십니까?

최창헌 박사 허허…, 예를 가장 가까운 곳에서 찾아야 하지 않겠습니까?

통달스님 그렇다면 박사님 자신은 뉴턴적 관점에 해당되십니까? 아니면 복잡계 이론적 관점에 해당되시는 겁니까?

최창현 박사 아이구, 스님께서 지금 저를 놀리시는 겁니까? 저야 뭐…, 지금 둘다 해당된다고 생각하지요.

통달스님 나름으로 중용의 도를 선택하셨군요. 하하하…, 하기야 도나 닦는 우리네 보다 세상 한가운데서 가정이나 직장이라는 사회의 가장 기초적인 조직을 이루며 오늘도 치열하게 부대끼며 사시는 여러분들을 부처님께서는 훨씬 더 애틋하고 어여쁘게 보실 겁니다.

최창현 박사 그래도 저희들에게는 스님처럼 이렇게 고고하게 사시는 모습이 요즘 아이들 말로 '로망'이지요.

통달스님 '로망'요? 하하하…, 그러고 보니 최 박사님은 유머가 넘치십니다.

신과학 복잡계 이야기

5— 복잡계와 카오스는 어떻게 다른가?

통달스님 복잡계나 카오스는 비전문가가 듣기에는 비슷하거나 같은 말 같은데 구체적으로 어떤 점이 다른가요?

최창현 박사 복잡계는 복잡한 현상도 그 이면에는 단순한 규칙에 의해 지배되는 체제를 의미하고, 카오스 Chaos 는 단순한 2차 방정식도 복잡한 행태를 보일 수 있다는 의미로 생각해 볼 수 있습니다.

카오스는 처음에 아주 작았던 차이가 나중에 크게 확대되어 전혀 다른 결과가 되는, 흔히 말하는 '나비효과'와 같은 현상을 말합니다. 하지만 복잡계에서는 카오스 현상을 비롯한 여러 가지 다양한 현상들이 일어납니다.

통달스님 그러니까 복잡계는 카오스를 포함하는 폭넓은 개념이군요.

최창현 박사 그렇습니다. 그래서 이 두 개념을 합해서 케이오플렉시티 chaoplexity 라 할 수 있습니다. 그리고 관련된 또 다른 말은 바로 통섭입니다.

통섭統攝, Consilience 은 '지식의 통합'이라고 부르기도 하며, 자연과
학과 인문학을 연결하고자 하는 통합학문 이론입니다. 이러한 생각
은 우주의 본질적 질서를 논리적 성찰을 통해 이해하고자 하는 고
대 그리스 사상에 뿌리를 두고 있습니다.

자연과학과 인문학의 두 관점은 그리스 시대에는 하나였으나, 르네
상스 이후부터 점차 분화되었지요.

신과학 복잡계 이야기

6— 복잡하다는 말은 그냥 무질서하고 난잡하다는 말 아닌가?

통달스님   일반적으로 복잡하다고 하면 온통 뒤죽박죽이 되어 혼란스러운 상태를 연상하게 되는데 복잡계를 무질서하고 난잡하다는 의미로 받아들여야 합니까?

최창현 박사   여기서 복잡이란 'Complex'가 아니라, 'Complicated'에 해당하는 의미입니다. 반면에 영어의 'Complex'의 어원인 라틴어의 'complesus'는, '엮는다'는 뜻의 그리스어 'Pleko'에, '함께'라는 뜻의 접두사 'com-'이 붙어, 생긴 말입니다. 다시 말해 복잡계 이론에서 이야기하는 '복잡하다'는 말은 함께 엮임으로써 혼란스러워 보이지만 사실은 질서정연한 상황이 복잡함을 뜻합니다.

통달스님   예를 들면 옷감의 씨줄과 날줄처럼 다양하게 얽혀 있어 겉보기에 쉽사리 그 구조가 눈에 들어오지 않지만 나름대로 내적인 정교한 질서를 가지고 있다는 말씀이군요.

7— 전체론적인 관점에서 바라보면 의미 있는 결과를 알 수 있나?

통달스님   '사물의 있는 그대로의 모습을 전체적인 관점으로 바라본다'면 복잡계에서는 어떤 의미 있는 결과를 얻을 수 있습니까?

최창현 박사   복잡계에서 '전체적으로 본다'의 의미는, 사물의 구성요소에만 초점을 맞추는 것이 아니라, '구성요소들이 맺고 있는 전체적인 관계를 중심으로 보는 것'을 의미합니다. 하나하나의 신경세포들을 각각으로 분해하여 파헤쳐 보는 것으로는, 인간의 '기억'이라는 현상을 이해할 수 없을 것입니다.

통달스님   의미 있는 결과를 얻어내기 위해서는 사물을 이루고 있는 각 부분의 전체적인 관계와 각 부분들 간의 소통이 미치는 영향에 대해 이해하려는 노력이 필요하겠군요.

최창현 박사   스님께서 저에게 하신 말씀 중에 이해하기보다는 받아들인다는 표현을 하셨는데, 매우 비과학적인 발상이긴 하지만 세상에는 수치로

신과학 복잡계 이야기

잴 수 없는 것들이 더 많은 것과 같은 이치라고나 할까요?

통달스님　박사님께서 이제는 우리 영역까지 넘보시는 겁니까?

최창현 박사　하하…, 스님께서 저의 로망이라 하지 않았습니까?

통달스님　어이쿠!

8 — 복잡계를 알기 위해 다른 분야를 공부해야 하나?

통달스님 복잡계를 좀 더 자세히 알기 위해서 다른 분야의 공부도 해야 합니까?

최창현 박사 모든 분야에서 능통해야 한다는 것이 아니라, 각 분야의 지식과 문제해결 능력으로, 다른 영역의 문제를 고민하고 다양한 관점에서 해결방안을 찾아본다는 데에 그 의미가 있다고 하겠습니다.

통달스님 꼭 마음공부가 아니라도 학문을 함에 있어서도 마음자리를 활짝 여는 것이 중요하겠지요.

최창현 박사 학제 간 연구를 통해 서로의 부족한 부분을 좁혀가면서, 다른 분야의 논의에 귀 기울이고 마음을 여는 사이, 지적인 충격과 함께 사물을 '전체적'으로 바라볼 수 있는 '눈'을, 가질 수 있게 될 것이라고 봅니다.

통달스님 박사님께서는 이미 도의 경지에 들어섰습니다그려~.

최창현 박사 아이구, 부끄럽습니다.

9— 복잡계 이론이 실제 활용되는 사례는 어떤 것이 있나?

통달스님 복잡계 이론이 실제로 활용되는 사례는 있습니까?

최창현 박사 오래 전부터 공학분야의 연구에 실질적으로 이용되고 있으며, 1990년대 말 부터는 각 산업현장에도 활발히 적용되고 있습니다. 또한 선진국의 대기업들은 복잡계 이론을 물류관리시스템, 마케팅전략 등에 적극 도입하여 활용하고 있습니다.

최근에는 빠르게 변화하는 사회에서 일어나는, 여러 가지 현상들을 설명하는 데에도 많이 사용되고 있습니다.

10 — 복잡계 연구가 왜 필요한가?

통달스님   많은 사회과학자들이 카오스 이론과 복잡계과학이론을 접하면서 던지는 일반적인 질문은, 복잡한 수식으로 가득 찬 이론이 자연과학이 아닌 사회과학에서 어떻게 적용될 수 있는가 하는 점이라는데, 저 역시 그 점이 궁금합니다.

최창현 박사   이 질문에 대한 해답을 구하기 위해서는 먼저 카오스 이론과 복잡계과학이론에 많은 자연과학자들이 왜 열광을 하였는가를 이해하는 것이 필수적이라 하겠습니다. 언급했듯이 원자론 및 기계론을 근간으로 단순하고 질서정연한 세계관을 갖는 뉴턴의 기계론적 패러다임에 입각한 전통적인 과학은 작은 입력으로 균등하게 작은 효과를 거둘 수 있는 선형관계 및 인과관계가 관심의 대상이며, 안정·질서·평형 등을 강조하는 경향이 있습니다.

통달스님   저의 짧은 식견으로 비추어 볼 때도 복잡계란 어떤 의미에선 철학

신과학 복잡계 이야기

적인 학문의 가장 중심에 있다는 생각도 듭니다.

최창현 박사 그런 점이 바로 복잡계가 가진 매력이며, 정형화된 기존 전통과학이나 조직에 신선한 바람을 일으킬 수 있다고 판단하기에, 연구의 필요성을 더욱 강조하고 있다고 볼 수 있습니다.

조직이 환경에 수동적으로 적응할 수 있거나, 적극적으로 환경을 조작하거나, 혹은 환경과 상호작용할 수 있다는 대전제는, 질서정연함 속의 질서, 즉 분석 가능한 환경을 상정하는 균형모형의 경우에만 타당한 것입니다. 혼돈으로부터의 질서, 즉 분석 불가능성을 상정하는 비균형 모형의 경우에는 변화나 갈등을 당연한 것으로 간주하는 것이 유용할 수도 있습니다.

조직발전 및 조직변화 이론의 경우에도, 환경과의 적합도를 유지하는 구조변화에 치중하는 계획적 변화가 주종을 이루고 있습니다. 그러나 환경에 대한 분석가능성을 가정하는 경우에만 계획적 변화는 가능합니다.

통달스님 아침이 되면 출근하고, 일정시간이 되면 퇴근하는 정형화된 조직체계보다는, 자율형 근무를 통해 기업이윤 창출에 더 큰 효과를 얻고 있는 구글이나 삼성 등의 경우가, 복잡계 이론의 성과 중 하나일 수 있겠군요.

최창현 박사 맞습니다. 자연의 무한 능력을 우리가 상상할 수 없듯이, 인간의 능력 또한 자연계의 일부라고 저는 생각하기 때문에, 21세기 조직관리는 복잡계라는 새바람이 꼭 필요하다고 보는 것이지요.

통달스님 새바람이라, 그거 좋지요.

11— 복잡계 이론이 리더십에 적용될 수 있나?

통달스님　그렇다면 복잡계 이론이 리더십에서는 어떻게 적용될 수 있습니까?

최창현 박사　위계와 통제를 강조하는 리더십은 17세기 뉴턴의 유물입니다. 그러나 양자물리학, 혼돈이론 등 현대과학의 발견은 세계가 자율과 참여로 새로운 질서를 창조한다는 위대한 가르침을 줍니다.

이러한 현대과학의 교훈은 혼돈의 시대를 이끄는 리더가 가져야 할 경영의 새로운 패러다임으로 이어지는 것입니다.

통달스님　조직을 기계가 아닌 생명체로 바라볼 줄 아는 리더가 필요하다는 말씀이군요.

최창현 박사　그렇습니다. 조직은 보이지 않는 선으로 연결된 거미줄 같은 연합체입니다. 그리고 정체되지 않고 끊임없이 자기조직화 과정을 거치면서 변화해야만 생존하는 매우 역동적인 유기체라 할 수 있습니다.

따라서 리더는 개개인의 특성과 잠재력을 존중하며 개인 간의 관계

신과학 복잡계 이야기

를 잘 관찰하고 그것을 생산적이고 창조적인 조직혁신으로 승화시킬 수 있어야 합니다.

또한 리더는 변하기를 주저하지 말아야 하며, 스스로 변하기 위해 꾸준히 노력해야 하는 동시에, 조직 내에서 변화를 주도적으로 이끌어낼 수 있어야 합니다. 그리고 명령이나 통제와 결별하고, 구성원의 참여를 북돋워야 진정한 리더라 할 수 있는 것입니다.

통달스님 박사님께서 열거하는 리더의 덕목을 들으니 저에게 따끔하게 야단을 치시는 것 같습니다. 이거 원, 도둑이 제발 저리다고 해야 하나요? 허허허….

최창현 박사 별말씀을 다 하십니다. 제가 보기에 스님께선 이미 복잡계 이론에서 추구하는 리더십을 골고루 갖춘 분이신 것 같습니다.

통달스님 박사님께 과한 칭찬을 들었으니 더더욱 정진해야겠습니다. 아무튼 복잡계 이론을 접하고 보니 리더십이란 것이 어떠한 모습으로 발휘되어야 하는지에 대한 아이디어를, 현대과학에서 풍부하게 찾을 수 있을 것 같군요.

최창현 박사 변화와 불안정이 두려움을 주는 것이 아니라, 창조적 파괴의 과정임을 인식하고, 새로운 것을 생성할 수 있다는 희망의 메시지 같은 것이라고 할 수 있습니다.

통달스님 복잡계 리더의 역할에 대해서 더 자세히 설명해 주시겠습니까?

최창현 박사 전통적 리더십 이론들은 상대적으로 단순하고 안정적이며 예측 가능한 환경의 산물로, 뉴턴적 패러다임에 토대를 둔 리더십 이론이라고 할 수 있습니다.

그러나 외부 환경 및 행정조직, 그 자체가 복잡적응계인 상황에서 전통적 리더십 이론들은 적용에 한계가 존재하게 됩니다. 복잡적응계로서 행정조직과 정책체제는 통제 및 예측 불가능성을 특성으로 하고 있습니다. 이에 따라 리더는 장기적 결과를 계획하고 선택하기 어렵게 됩니다.

통달스님 구체적으로 어떤 형태의 리드 lead 인가요?

최창현 박사 복잡적응계의 리더십으로– ① 분산된 리더십 ② 초점의 제시 ③ 인정하는 리더십 ④ 보이지 않는 리더 암묵적 리더십 를 제시하고 있습니다.

첫째, 분산된 리더십은 행정조직이나 정책체제의 구성원을 추종자나 부하로 간주하기보다는 공통의 목표를 추구하는 조직공동체의 구성원으로 보는 시각입니다.

행정조직이나 정책체제에서 리더십은 미래를 창조해야 할 책임을 공유하는 다양한 개인이나 집단 및 조직 전체에 분산되어 있어야 할 것입니다. 조직구성원 모두가 스스로 설정한 목표 아래 주인의식을 가지고 움직일 때 정책결정자나 최고관리자의 역할은 슈퍼리더가 되어야 합니다. 슈퍼리더는 구성원 모두를 자기 자신을 스스로 리드하는 셀프리더 self-leader 로 만듭니다.

통달스님 자신을 스스로 리드한다는 셀프리더라는 말, 참으로 마음에 듭니다.

최창현 박사 둘째는 복잡적응계로서 정책 및 행정 체제를 구성하는 하위 체제들은 혼돈의 가장자리에서 서로 다른 방향 및 속도로 움직이는 경향이 있습니다. 따라서 정책 및 행정체제는 하위 체제가 공진화하도록 가능한 한 많은 자유를 주어야 하겠지만 공통의 믿음과 목표를 가지도록 하는 것이 더 중요합니다.

즉 복잡적응계에서도 정책결정자나 행정관리자는 조직의 목표를 달성하기 위한 초점과 방향을 제시해야 합니다. 이러한 초점과 방향이 없다면 분산된 리더들의 열정적인 노력을 이끌어낼 이니셔티브나 노력의 조화가 생겨날 수 없기 때문입니다.

통달스님 셀프리더들이 신명나게 놀 수 있도록 멍석을 깔았으니 슈퍼리더는 열심히 북치고 장구를 쳐야 하는 이치가 아니겠습니까?

최창현 박사 그렇습니다. 셋째는 정책결정자나 행정관리자들이 북치고 장구도 열심히 치되, 변화와 혁신을 명령하거나 통제해서는 안 됩니다. 복잡적응계의 리더십은 반드시 명령과 통제로부터 벗어나야 하며, 이러한 상황에서 리더에게 필요한 속성은 인정 appreciation 입니다.

인정은 체제의 구성원이 무엇을 해야 할지를 잘 구별해서 무엇이 행해지고 무엇이 행해지려 하는지를 평가함으로써 방향을 정하고 변경을 용인하는 것입니다.

통달스님 어떤 형태의 조직이든 그 안에서 인정받는 것이 가장 큰 명예지요.

최창현 박사 넷째는 복잡적응계의 리더십은 마찰을 줄이고, 체제구성원들 사이의 조화와 리더십을 조장해, 다양성과 신속함을 창발할 수 있도록 해야 할 것입니다. 체제 내의 마찰과 소요시간을 줄이기 위해서는, 명시적인 것보다 암묵적인 것이 강조되어야 합니다. 정책결정과 세계관의 전환에는 항상 시간이 소요됩니다.

암묵적 리더십은 환경보다 우리 조직 내부의 마찰과 시간의 불일치

를 줄임으로써, 환경을 조절하고 환경에 적응하는 데 있어서 우월
성을 유지하는 것입니다.

통달스님 결국 복잡적응계의 리더십은 명령과 통제를 감소시키고, 강압적인
명령과 통제를 벗어나서, 하위 조직의 주도, 리더의 의도 공유, 상
호신뢰, 암묵적 이해와 의사소통에 기초한 자발적이고 스스로 훈련
된 협조로 대체하는 것이로군요.

최창현 박사 스님께서 저의 장황한 설명을 간단명료하게 잘 말씀해 주셨습니다.

통달스님 하하…, 이래서 칭찬은 고래도 춤을 추게 하는군요. 어깨가 으쓱으
쓱합니다.

최창현 박사 그리고 위에서 언급한 복잡계 패러다임에서 리더가 갖추어야 할 기
본적인 생각을 바탕으로 몇 가지 구체적인 리더의 역할에 대해 생
각해 볼 필요가 있습니다.

통달스님 그건 또 어떤 것입니까?

최창현 박사 첫째, 리더는 구성원의 상호작용을 돕는 교량적 역할을 해야 합니
다. 가령 환경의 변화에 직면했을 때, 기존의 전통적인 리더십 이론
에서 보면, 리더는 혼자서 해결책을 생각하고 방향을 제시했습니
다. 자신의 생각대로 구성원을 이끌어 조직의 미래를 짊어진 것이
지요.

하지만 알고보면 조직 내 구성원 누구나 자신의 창발적인 문제 해
결책을 가지고 있습니다. 리더는 이러한 각각의 생각을 상호 간의
커뮤니케이션으로 이끌어감으로써 절충적이고 효과 높은 상위 단
계의 해결책으로 촉발시키는 역할을 해줘야 하는 것입니다.

  신과학 복잡계 이야기

통달스님　혼자의 힘보다는 다수의 힘을 창출하라는 말씀이군요.

최창현 박사　둘째, 리더는 구성원들에게 자율적 요동을 주는 역할을 해야 합니다. 이 말은 리더는 구성원이 창발적인 생각을 가질 수 있는 자유를 방해해선 안 되며, 그들 스스로 더욱 자기조직화의 길로 들어서게 만들어, 상호작용을 높여주는 역할을 해야 한다는 것입니다. 이를 통해 조직은 더욱 쉽게 단계를 높여갈 수 있게 되는 것입니다.

통달스님　구성원들이 신명나게 놀 수 있도록, 자유라는 멍석을 제대로 깔아 줄 줄 아는 리더를 말하는군요.

최창현 박사　셋째, 리더는 구성원의 창발적 생각을 끄집어 catch 내는 역할을 해야 합니다. 구성원들은 각기 자신의 생각들을 쏟아낼 것입니다. 그 생각 속에는 성공의 열쇠가 숨겨져 있습니다.

리더는 이를 판단해내는 감각적인 능력이 필요합니다. 더 나아가 이를 통해 적절한 전략과 행동을 마련하는 통찰력과 비전을 길러야 합니다.

통달스님　구성원들이 노는 모양새를 보고 어떤 재주가 있는지 가려낼 줄 알아야 할 것이며, 그 재주가 돋보이고 어울리는 그릇에 담아낼 줄 알아야 진정한 리더라고 할 수 있겠군요.

최창현 박사　넷째, 리더는 구성원이 잘못된 방향으로 나아가지 않게 조정의 역할이 필요합니다. 이 부분은 전통적 리더십의 방향 제시와 혼동될 수도 있습니다.

여기서 말하는 방향은, 구성원의 전적인 행동의 변화나 생각의 변화를 요구 및 제시, 이를 따르게 하는 과거의 전통적 리더십과는 차이가 있습니다.

상위 단계로 나아가기 위한 전략 및 행동이 다른 방향으로 흐르는 것을 조정해주는 역할을 말하는 것입니다.

통달스님   과도한 관여나 방치는 오히려 역효과를 낼 수 있음을 우려하는 거군요.

최창현 박사   다섯째, 리더는 구성원의 생각을 존중해주어야 합니다. 구성원이 가진 생각이 비록 상황에 알맞지 않더라도 다시금 능동적인 사고를 할 수 있도록 분위기를 만들고 의욕을 이끌어내고, 더욱 자기조직화의 단계를 거치게 하여 향상시키는 것은 구성원의 생각을 존중하는 것입니다.

통달스님   박사님의 말씀을 들으면서 나는 어떤 리더에 속하는가 내 스스로에게 질문해 보는 소중한 시간이 되었습니다.

12— 국가 리더십에서 복잡계 연구가 왜 필요한가?

통달스님   국가운영에 있어서 일촉즉발의 동시다발적인 상황의 발발은, 예측이나 통제가 어려운 방향으로 나타나는데, 이러한 복잡한 상황을 타개하기 위해서서는 앞서서 연구되어진 전통적 리더십보다는 복잡계 연구가 필요하다고 보는데 어떻습니까?

최창현 박사   그렇습니다. 전통적 리더십은 환경의 변화에 맞춰 구조를 바꾸는 것을 중시합니다. 이는 환경에 대한 분석이 가능할 경우에만 계획적 변화가 가능하지요.

그렇지 않고 갑자기 상황이 돌발하여 거기에 대한 상황분석이 틀어지거나 변화가 늦을 경우, 국가는 막대한 손해를 입게 됩니다. 이때 돌발적인 상황의 변화를 따라가선 안 되며 이를 미리 주도할 수 있어야 합니다.

통달스님   그렇다면 복잡적응계는 어떠합니까?

최창현 박사 조직이 환경변화의 위험에 도달하는 경우, 과거와는 전혀 다른 자기 혁신적 방법인 자율적요동을 통해서 전략 및 행동을 창발시켜 운영되어야 한다고 말합니다. 창의적인 전략과 행동은 변화에 순응하고 따르기보다는 이를 주도하는 속성이 강합니다.

결국, 복잡적응계는 국가가 환경을 주도할 수 있는 기틀을 마련해주면서 막대한 이익과 높은 위치에 서게끔 해줍니다. 위기를 기회나 성장의 발판이 되게 하지요.

오늘날까지 지배적인 사고방식은, 관리자가 미래로의 위험한 여행을 떠나기 전에, 올바른 계획을 세워 변화에 적응하고 차질이 생기면, 이를 수정하여 문제에 맞섰다고 할 수 있습니다.

이제 성공의 핵심은 새로운 지도를 창조적으로 만들어 주도하면서 문제 상황을 오히려 기회로 활용하는 데 있습니다.

통달스님 위기가 곧 기회이듯 어떤 상황도 긍정적으로 변화시키는 힘이 복잡계로군요.

최창현 박사 그럼, 이제부터는 복잡계 이론에 대한 학문적인 용어라 일반에게는 다소 생소할 수 있는 것들이지만 복잡계의 이해를 위해 좀 더 세부적인 공부를 해보겠습니다.

신과학 복잡계 이야기

13 _ 창발성이란 무엇인가?

통달스님 복잡계에서 창발성이란 의미가 상당하던데 정확하게 설명해 주시겠습니까?

최창현 박사 창발이란 시스템의 각 부분들의 성질만을 이해해서는 예측하기 어려운 성질이, 시스템 전체의 수준에서 나타나는 현상을 말합니다.

통달스님 예를 들면 어떤 것입니까?

최창현 박사 개미나 꿀벌의 집단이 보여주는 놀라운 사회적인 질서는, 이들을 한 마리씩 떼어 놓고 관찰할 때에는 유추해 내기 어렵습니다. 마찬가지로 금융시장의 복잡한 메커니즘이나 인터넷 상의 사이버 공간에서 벌어지는 놀라운 현상들은, 거래인 한 사람, 네티즌 한 사람씩을 따로 떼어놓고 본다면 이해하기 어려운 현상입니다. 그러나 여러 명의 거래인, 다수의 네티즌이 모인 집단에서 창발적으로 만들어지는 집단적 특질을 '창발'이라고 합니다.

다시 말해서 유기체의 창발성이란, 복잡한 과정이 예측되지도 않고 누적되지도 않지만 분명한 결과로 나타나는 것을 말하며, 창발적 성질이란 존재하는 것을 벗기는 것이 아니라, 그때까지 존재하지 않던 것이 새로 튀어나오는 과정을 강조하는 것입니다.

통달스님 존재하지 않던 것이 새롭게 튀어나오는 과정이라니, 창발의 의미가 대단히 놀랍습니다.

최창현 박사 새로운 관계가 계속 돌출하면서 전체 체계가 다양하고, 풍부하고, 복잡하게 진화하는 것으로 이해할 수도 있습니다. 그리고 이는 경영과 경제 현상을 기계론적인 인식에서 유기체적인 인식으로 보도록 전환하는 계기를 제공하게 되는 것입니다.

통달스님 전통과학과 복잡계가 비교되는 점도 바로 이런 창발성 때문이군요. 복잡계 이론을 공부할수록 느끼는 점은 뭔가 생명력이 꿈틀대는 이론이라는 점입니다.

최창현 박사 그렇게 말씀해 주시니 복잡계를 공부하는 저로서는 매우 행복해집니다. 세상은 여러 층이 존재하는 위계 구조로 되어 있기 때문에 각 단계에서 일어나는 창발적인 현상을 그보다 한 단계 낮은 단계로 환원하여 설명할 수는 없습니다.

그에 따라서 생물학에서 이야기하는 집단 선택이나 사회과학에서 이야기하는 집단 지식도 그보다 낮은 단계로 환원하지 않고 설명되어야 한다는 생물학자 마이어와 머피의 이야기를 잠시 인용해 보겠습니다. 마이어는,

"어떤 체계를 구성하고 있는 부분들을 조립하면 새로운 성질이 탄

  신과학 복잡계 이야기

생하는데, 새로운 성질은 부분에 대한 그동안의 지식으로는 전혀 예측할 수 없는 다른 성질을 갖는다. …이렇게 탄생한 전체는 과거 그보다 한 단계 높은 단계의 한 부분이 되고, 동시에 그보다 낮은 단계에 있는 부분들에 영향을 미친다." 또 머피는,

"현대생물학의 핵심은 보다 단순한 부분들로 환원될 수 없는 새로운 현상이 복잡한 것에서 출현한다는 점에 있다……. 생물계의 위계 구조는 우리의 위계 구조와 중요한 특질을 공유하는데, 한 단계 높은 수준은 그보다 낮은 단계에 있는 부분들의 성질에 영향을 미친다."

통달스님 예측할 수 없는 성질과 생물계의 낮은 단계에 있는 부분들의 성질에 영향을 미친다는 것에 대한 설명이 필요합니다.

최창현 박사 예측 불가능성에도 불구하고 자기조직화적 진화 과정을 통하여 새로운 질서, 즉 분산 구조로 도약해 나갈 수 있다고 하는데, 이를 자기조직화라고 합니다. 자기조직화 관점에서 보면, 질서는 외생적 혹은 내생적인 요인에 의해서가 아니라 자생적으로 생깁니다. 중앙 집권적 지시보다는 상호조정과 자기규제에서 질서가 창출되며, 위에서 아래로가 아니라 아래에서 위로의 방식으로 형성됩니다.

여기서 질서란 개별 요소들의 집합이 아니라 개체가 소유하지 않던 특성을 갖게 됨을 의미합니다. 자율적인 행위자들의 행동은 분권적 방식으로 결합하기 때문에 분산적 혹은 분권적이라고 기술됩니다.

통달스님 쉽게 말해서 소수의 슈퍼리더의 힘보다는 다수의 셀프리더들이 내뿜는 창발성에 초점을 맞추어야 한다는 의미 아닙니까?

최창현 박사 그렇습니다. 따라서 창발성은 자기조직화가 체제 외부에서 강요될 수 없으며, 체제 내에서 기능하는 내재적인 것입니다. 조직은 체제의 구성요소로 짜 맞춰지는 것이 아니라, 구성요소의 상호작용에 의해 만들어지는 것입니다. 국지적인 규칙에 따라 활동하는 국지적 단위 혹은 행위자들은 상호작용에 의해 체제의 조직을 만들어 낸다고 할 수 있습니다. 이러한 현상을 표현하기 위한 다른 용어는 '혼돈에서 질서', '창발적 특질', '자생적 질서', '전체적 일관성' 등이 있습니다.

통달스님 복잡체제의 창발적 특질은 어떤 것입니까?

최창현 박사 거시적인 체제 수준에서만 구분할 수 있으며, 미시적인 구성요소 수준에서는 구분할 수 없습니다. 일반적으로 이는 집단의 특질이기 때문에, 낮은 수준에서 개인적인 요소들에 대한 지식만 가지고는, 높은 수준에서 창발적으로 발생하는 전반적인 유형이나 구조를 추론해낼 수 없습니다.

통달스님 복잡성과학의 관점에서는 경제나 조직 현상을 역사에 의존하고 경로의존적, 유기적이고 지속적으로 진화하는 복잡체제로 보는군요.

최창현 박사 그렇습니다. 사회현상은 유기적이고 계속 진화하고 있습니다. 실제로 조직 현상은 구성요소들의 아주 복잡한 상호관계를 통해 새로운 현상을 만들어내기도 합니다. 이런 일들을 계산적 합리성만으로는 설명할 수가 없습니다. 그리고 이런 복잡성은 지속적으로 재생산되고 있습니다. 이런 과정에는 우연성이 개입하고, 이것은 다시 새로운 진화와 새로운 시발점이 되기도 합니다.

통달스님　그런 관점에서 본다면 조직의 인간관도 바뀌어야 할 것 같은데요?

최창현 박사　조직의 전통적인 관점에서, 인간은 완벽하게 합리적입니다. 그러나 새로운 관점에서는 적응을 잘하고 지능이 있는, 항상 진화하고 학습하는 인간으로 봅니다. 그러므로 전통적인 합리적 인간관은 재고되어야 합니다. 물론 '제한적 합리성'이라는 개념의 한계성은 인식되고 있으나 그보다 근본적인 생각의 전환이 필요합니다.

통달스님　우리가 살면서 참 힘든 것 중에 하나가 생각을 전환하는 유연성의 부족이라고 생각합니다. 그런데 의외로 살아남기 위한 진화는 꽤나 활발하다고 봅니다.

최창현 박사　생존욕구의 힘이지요. 살아남자면 어쩔 수가 없지요. 웨이크의 조직화에 대한 진화론적 근거는 생태학적 '변이, 조작, 선택도태, 유지' 등 네 가지 기본적인 단계를 포함합니다.

이 견해는 다윈주의를 생존 전략에 적용시키고 있으나, 그것만으로는 조직의 자기 혁신성을 설명할 수 없습니다. 생물의 경우를 보더라도 경쟁전략만으로 생존하지는 않습니다. 대체 어떠한 구조가 생존을 유지해 나가는가 하는 의문에 대한 해답으로 '자기조직화'라는 이론이 주목을 받았습니다.

자기조직화란 조직이 조직 그 자체를 만들어 간다는 진화 과정에 초점을 맞춘 이론입니다. 외부의 강한 무엇인가를 조직에 적용시켜서 강화되는 것이 아니라, 조직이 자기의 특질을 파악하고, 그 특질을 활용하여 조직을 성장시킵니다. 여기에는 단편적인 정보에서 고차원적인 정보를 창출하는 자발적인 작용이 있습니다.

자기조직화 과정을 보면, 생명 조직이란 '동요'와 같은 불안정성과 불확실성을 유효하게 활용하여 질서를 수립한다는 것을 알 수 있습니다. 질서를 수립하는 데 평범한 무질서를 활용하는 것입니다.

통달스님 평범한 무질서를 이용해서 질서를 수립한다니 이 무슨 아이러니입니까?

최창현 박사 상당히 모순적인 면이 있긴 하지만 그야말로 자율적인 정보 생성의 방법을 이용하는 것이지요. 전통적 조직이론에서 강조하는 계획적 조직설계와 조직변화 관점에서 탈피하여 자기조직화를 촉진하고, 미래를 예측하는 대신 창조하는 것입니다.

통달스님 미래를 예측하는 대신 스스로 창조해 내는 것이야말로 누구나가 추구해야 할 가 장 큰 비전이 아니겠습니까?

최창현 박사 학생들에게 강의할 때 제가 늘 강조하는 말입니다. 자신의 미래는 스스로 만들어 가라고 말입니다.

가끔 강남역 근처를 나가보면 타로점이나 별점을 보는 곳이 길거리에 굉장히 많아서 놀랐고, 더 놀라운 것은 젊은이들이 점을 보기 위해서 줄을 서서 기다리고 있는 모습이었습니다. 이 나라 교육자의 한 사람으로서 책임을 통감하는 순간이기도 했습니다.

통달스님 사회적으로 슈퍼리더의 입장인 박사님처럼 교육자의 자질을 스스로 점검해 보는 양심이 절대적으로 필요하다고 봅니다.

최창현 박사 (가슴에 손을 얹으며) 스님 말씀, 가슴에 새기겠습니다.

통달스님 집에서 새는 바가지가 밖에 나와서도 새고 말았습니다. 제가 워낙 쓴소리 잔소리 전문가라서 말이지요. 허허허…, 이야기가 엉뚱한

 신과학 복잡계 이야기

길로 샜습니다.

최창현 박사 괜찮습니다. 달콤한 소리보다는 쓴소리 잔소리가 원래 하기가 더 어려운 법입니다. 저도 학생들에게 쓴소리 잔소리 잘하는 스승이 되도록 노력하겠습니다.

그러면 다음에는 창발성과 도가사상의 변화의 역동성에 대한 이야기를 좀 해보겠습니다. 서구의 오래된 전통적 조직관점인 분할적·기계론적 배경에서는 한국적 경영이 성공하기 어렵습니다. 조직의 타성은 자꾸만 옛것으로 회귀하려고 합니다.

근본적인 사고의 전환이 필요하지만 현실에서는 예측하고 분석하며 잘 짜여진 계획과 규칙을 강조합니다. 이러한 현상의 원인은 고전적 조직이론의 철학에서 제공하는 기계론적인 관점을 고수하는 데서 연유된다고 하겠습니다.

반면에 동양사상은 많은 부분에서 복잡성이론과 유사점을 발견할 수 있지만, 필요성만큼 많이 연결되지 못하고 있는 실정입니다. 다만 연구 내용을 전달하는 차원에서 부분적으로 인용되거나 언급되는 정도인 것입니다.

동양사상은 이원론을 배격하며, 전일주의에 입각하여 직관적 방법으로 다多에서 일一을 보려 하고, 전일주의적 입장에서 공진화를 설명하며, 자연의 질서인 도는 끊임없는 변화의 순환성을 강조합니다. 특히 도의 순환 양식은 음양의 원리에 따라 역동적인 상호작용에 의해 생겨나기 때문에, 대칭적 순환운동은 동적 프로세스이며 생태학적 관점이고, 전체주의적 자기조직화 세계관으로 볼 수 있는 것입니다.

통달스님　동양에서는 '불변'을 논하지 않으며, 세상은 지속적으로 변하는 가운데 영원함을 추구한다고 누가 그랬던가요?

최창현 박사　그렇습니다. 카프라는 이것이 서양의 기계론적 세계관, 원리 접근법과는 상반되는 사상으로 인식하고, 사물의 모든 이름은 단지 관념일 뿐이며, 언어의 거부는 자연에 대한 선입관을 배제하고 자연의 객관성을 있는 그대로 확보해주는 것으로 이해합니다.

도가에서는 추론적 지식보다 직관적인 지혜에 관심을 기울이는데, 이것은 추론적 사유세계의 한계와 상대성 논리를 인식한 결과로 볼 수 있습니다. 도가에서 깨달은 가장 중요한 통찰 중의 하나는 변용과 변화가 자연의 본질적인 모습이라는 것입니다.

통달스님　'도를 도라고 말로 표현하면, 그것은 영원한 도가 아니고, 이름을 이름 붙이면 그것은 실제의 이름이 아니다. 이름 없는 것이 천지의 처음이고, 이름 있는 것은 만물의 어미다. ……현묘하고, 현묘하다. 모든 묘함이 이 문에서 나온다.'

『도덕경』 1장에 나오는 말인데 도는 말로 표현하거나 개념화할 수 없는 것이므로 천지만물의 근원이며 뿌리라는 것을 역설하는 것이지요.

최창현 박사　노자는 인간적인 작위로 세워진 모든 가치체계를 부정합니다. 인간 스스로 본래부터 그렇게 된 도에 순응할 것을 요구하고 있습니다. 노자가 말하는 현효은 많은 변화와 다양성을 간직한 근원중 하나이며, 그 하나에서 만물이 나타나고 현상화 된다고 봅니다.

 　신과학 복잡계 이야기

노자철학은 로고스를 초월한 혼돈을 문제로 삼으며, 도는 모든 존재의 근원이고, 원동력이고, 만물 운행의 질서적 원리로서, 인간의 인식을 초월한 현묘한 것으로 봅니다. 현지우현玄之又玄에서 현玄은 생명체의 세포 혹은 체제의 각 구성요소들의 결합으로 나타나는 창발성의 신기함을 표현한 말로 볼 수도 있습니다.

보이지도, 만져지지도 않는 것을 현玄으로 표현한 것입니다. 즉, 도道는 지극히 현묘하여 모든 만물의 변화가 이 도에 근원한다는 의미입니다.

통달스님 '천지 자연은 인자하지 않고, 만물을 강아지풀처럼 여긴다'. 『도덕경』 5장에 나오는 말인데, 천지는 결코 인간을 위해서 존속하는 것이 아니라, 스스로 움직이는 생명체라는 매우 시니컬한 표현 아닙니까?

최창현 박사 그렇습니다. 천지가 장구할 수 있는 것은 자기를 고집하지 않고 스스로 그러한 대로 자기를 맡기기 때문이라는 것이지요. 이것을 왕필王弼은 '천지자연天地自然'이라 표현했습니다. 천지가 장구할 수 있는 것은 오로지 자기만을 이롭게 하지 않고 공진화하기 때문이라는 해석이지요.

동양 고전 『주역』의 '역易' 또한 변화를 뜻하며, 변화란 끊임없이 변화하는 우주의 본래 모습입니다. 질서를 유지하려고 애쓰면 오히려 어지러워지고, 평안함을 유지하려 애쓰면 오히려 위태로워지기 때문에 자율성과 신축성, 자생이 강조되는 것입니다.

변화의 역동성없이는 새로운 질서나 창조를 기대할 수는 없습니다.

모든 만물은 변하는 것이고 고정되어 존재하는 것은 없습니다.

단순한 행위자들이 수많은 방식으로 상호작용하는 복잡적응체제는 자발적으로 질서를 형성하는 자기조직화의 능력을 갖고, 이는 비선형적인 혼돈상태에서 질서를 만듭니다.

조직이 창조적 파괴를 통해 새로운 질서로 발전해 나가려고 할 때, 성장과 쇠퇴의 두 경로 중 어느 것을 택할지는 예측이 불가능합니다. 이러한 예측 불가능성에도 불구하고 변화의 역동성을 통해 조직의 새로운 성질이 개발되어 새 질서로 도약할 수 있는 것입니다.

통달스님 '변화의 물결에 몸을 맡기고 힘차게 노를 저어라~, 그대를 신천지로 안내할 것이다!' 복잡계 가이드북 제목으로 쓰면 어떨까요?

최창현 박사 아주 좋습니다. 하하…, 만물의 역동적 변화에 대하여 그리스의 철학자 헤라클리투스는 항구성과 변화성이라는 두 특징을 모두 구현하면서 우주는 부단한 유동의 상태에 있다고 주장했고, 런던 대학의 이론물리학자 데이비드 봄은 우주를 끊임없이 유동적이면서도 나뉘지 않은 전체로 이해하게 해주는 독특한 이론을 개발했습니다.

그는 어떤 한 시점에서 우주의 상태는 보다 근본적인 실재를 반영한다고 주장하면서, 헤라클리투스와 같이 과정, 흐름, 변화를 가장 근본적인 것으로 간주했습니다. 그는 이 실재를 '내재적인 혹은 닫힌 질서'라 부르고, 그것을 우리의 주변 세계에서 창발되는 외재적인 혹은 '펼쳐진 질서'와 구별했습니다.

또 데이비드 봄은 후자가 전자의 내부에 존재하는 잠재력을 실현·표출한다고 주장했습니다.

통달스님　‘닫힌 질서’와 ‘펼쳐진 질서’는 사고가 ‘닫힌 사람’보다는 ‘열린 사람’이 세상 속에서 훨씬 더 우월함으로 증명되었다고 이해하겠습니다.

최창현 박사　역시 스님께서는 도를 닦아서 복잡계에 대한 탁월한 이해력을 가지셨습니다. 하하…, 도가에서 자연은 고정적으로 불변하는 사물을 총칭하는 것이 아니라, 다양한 사물의 역동적관계의 통일성을 전제로, 인간을 포함한 이 세계의 모든 사물이 그 어떤 것에도 기대지 않고, 저절로 변할 수 있는 독자적 상태를 나타냅니다.

자연은 사물의 본성에 의해 자유롭게 발전한 상태를 말하는 것이고, 무위는 자연을 따르고 인간의 힘에 의해 함부로 행해진 것이 없는 것을 의미합니다. 이 우주를 살아 있는 생명체로 파악하는 도가의 세계관은, 모든 것이 유동적이고 끊임없이 변하며, 그 상호작용으로 새로운 질서가 창발되고, 그 과정이 매우 역동적임을 설명하는 것입니다.

14— 자기조직화란 무엇인가?

통달스님　자기조직화란 말이 자주 나오는데 구체적으로 무슨 뜻인지 설명해 주시지요?

최창현 박사　자기조직화는 불균형 상태에 있는 시스템이, 구성요소들 사이에 집합적인 상호작용을 통해, 조직화된 질서를 스스로 만들어내는 현상을 말합니다. 즉, 실리콘밸리는 끊임없이 자본이 들고 나가기를 반복하며 수없이 많은 기업들이 생겼다가 사라지는 매우 불균형한 시스템입니다. 그렇지만, 그 안에서는 관련기업들 사이의 다양한 경쟁과 협력구조가 맺어지면서 전체적으로는 새로운 산업변화를 선도해 나가는 것을 볼 수 있는데 이러한 현상은 '자기조직화'의 대표적인 예입니다.

비선형 순환체제가 평형으로부터 멀어져 혼돈으로 갈 때, 그것은 동시에 자기조직화 과정을 통해서 예측이 불가능하고 더욱 복잡한

신과학 복잡계 이야기

형태의 행태를 나타냅니다. 즉 프랙탈은 자기조직화하는 체제의 증거입니다.

통달스님 프랙탈은 또 무엇입니까?

최창현 박사 프랙탈은 어떠한 물질을 부셔도 부셔진 부분에 전체의 모습을 유지하고 있다는 의미인데, 다음 장에서 다시 한 번 자세히 설명하겠습니다. 프랙탈의 형태는 자기모양과 유사합니다.

다시 말하자면, 이것은 크기면에서도 유사한 구조를 가지는 것으로, 현재 자연계에서는 평범한 특성으로 알려져 있습니다. 바로 눈송이는 나뭇잎과 마찬가지로 좋은 그 예라 할 수 있습니다. 구름을 관찰해 보면 자연적인 자기조직화와 복잡한 패턴의 증거에 대해서 더 잘 알 수 있습니다. 다른 말로 해서 자연에서의 비선형 순환체제에서는 계속적으로 창조적이며 형식적인 행태가 나타납니다. 안정성과 불안정성 사이의 경계에서 체제는 끊임없이 창조적인 형태의 줄기를 도출해냅니다.

그들이 할 수 있는 모든 것은 적절한 환경적 조건이 창출되었을 때 행태의 일반적 패턴을 야기해 내는 것입니다.

통달스님 일반적 패턴이라 함은 지극히 통계적인 수치를 말하는 것이겠군요? 일명 뉴턴적 사고방식이라고 해야 할까요?

최창현 박사 그렇습니다. 뉴턴적 사고방식을 지닌 과학자들은 자연 체제를 예측 가능하거나 또는 미리 결정할 수 있는 방법으로 작용한다고 생각합니다. 이것들을 발견하기 위해서는 단순히 더 조사해야 한다는 것을 의미합니다. 경계는 체제의 완전한 지식이며, 거기서 성공적으로 통제하고 계획하는 능력을 낳습니다. 이와 같은 사고방식은 사회과학 연구에서도 많이 적용되고 있습니다.

만약 우리가 빈곤이나 인플레이션, 또는 청소년 범죄나 실업문제의 원인을 발견한다면, 사회는 각종 문제들을 해결할 수 있도록 한층 조직화될 것입니다. 만약 요구된 정책에 해결점이 아닌 갈등이 있다면 문제들이 더 증가할 것이라는 것은 확실합니다.

통달스님　예를 들자면 어떤 것입니까?

최창현 박사　낮은 인플레이션은 당분간 높은 실업률을 나타낼 것이며, 이것은 당연히 선택의 문제, 일반적으로 정치적 선택으로 자리 잡을 것입니다. 이것은 체제가 계획될 수 있다는 관점을 혼란시키지는 않습니다.

통달스님　그렇다면 혼돈의 관점에서 본다면 어떻습니까?

최창현 박사　혼돈의 관점에서 보면, 확정적인 장기적 산출에 대한 계획은, 실망감을 이끌어 냅니다. 혼돈적 체제는 복잡한 순환과정에 의해서 도출됩니다.

그러므로 정확한 원인과 결과 사이의 과정, 그 관계를 일반적으로 증명한다는 것은 불가능합니다. 그래서 우리는 이와 같은 모호한 관계를 가지고 행동할 수는 없습니다. 대신 이렇게 되리라는 보장은 어디에도 없지만, 질서는 공식적인 구성없이, 혼돈으로부터 예측할 수 없이 나타납니다.

통달스님　바퀴벌레의 사촌격인 흰개미의 집은 그 구조가 창발적인 무작위적 자기조직화 활동의 산물이라고 박사님께서 말씀하셨는데요.

최창현 박사　예, 그렇습니다. 그들이 지은 보금자리는 인간에 비유하면 약 1.6㎞

　　　　　　　신과학 복잡계 이야기

높이의 아름다운 빌딩으로, 환기장치와 습도조절 기능을 갖춘 건축물이라고 할 수 있습니다. 동물의 건축 기술에 대해서는 다음의 기사 내용을 참조하도록 하겠습니다.

| 참조 | **중앙일보**(1995년 7월 12일자)

삼풍백화점 붕괴 사고 등에서 매사를 대충 처리해온 우리를 뒤돌아보게 한다. 원칙대로만 했어도 그런 어처구니없는 일은 생기지 않았을 것을, 원칙대로 하면 바보 취급받는 사회가 이런 참상을 만들었기 때문이다.

하잘것없는 동물에게도 배울 점이 있다. 그들의 건축에서 날림공사란 있을 수 없기 때문이다. 동물 중 가장 멋진 건축가인 비버는 물속에 운하를 파고 통나무를 잘라다 댐을 막아 집을 짓는데, 무려 23년이나 사용할 수 있을 정도로 아주 견고하다. 이 건축물을 짓는데 비버의 3대가 동원되고, 집 짓는 기간만 해도 수년이 걸린다. 뿐만 아니라 매년 보수작업으로 언제나 집을 튼튼하게 유지한다.

동물들이 짓는 집의 건축 기간은 사용 기간에 따라 다르다. 까치는 3개월간 사용하기 위해 무려 40일에 걸쳐 집을 짓고, 호리병벌은 20일 사용하기 위해 4일 동안 집을 짓는다. 그리고 잘못 지은 집은 과감히 버리며, 짓고 난 뒤에도 새끼가 다 자라 그 집을 떠날 때까지 보수 작업은 계속된다. 까치는 되도록 굵고 긴 나무를 기초공사에 사용한다. 가장 긴 것은 1m로 공모양의 까치집을 짓는 데 무려 1,000여 개의 나뭇가지를 물어 나른다.

동물 집의 이런 설계는 종족 보존을 위해 너무도 고지식하게 만들어져 있다. 아니 최선을 다해 충직하다. 이건 동물들의 생명진실이기도 하다. 그들은 꾀를 부려 공기를 단축하지도 않고 불량자재를 사용하지도 않는다. 이번 삼풍백화점 붕괴를 통해 (동물들처럼) 가장 자연스런 것이 가장 진실될 수 있다는 교훈을 다시 배우게 한다.

통달스님　참 대단합니다. 새삼 옷깃이 여며질 정돕니다. 이래서 짐승이 때로는 사람보다 낫다고 하는가 봅니다. 그나저나 동물들은 어떻게 건축 활동을 감독하고, 통제하고 조정하는지요?

최창현 박사　흰개미의 행태에 관한 연구에서 얻을 수 있는 흥미로운 사실은, 질서가 혼돈에서 비롯된다는 자기조직화 과정입니다. 보금자리는 인간 사회처럼 건물을 지을때 설계도나 청사진도 없이 스스로 자기조직화하는 방식으로 짓습니다. 보금자리의 설계도청사진는 무작위적이고도 혼돈적인 활동에서부터 계속 진화해갑니다. 이러한 관점은 인간 조직에 대해서 새로운 관점을 제공해 주는 매우 흥미로운 사실입니다.

신과학 복잡계 이야기

15 — 끌개란 무엇인가?

통달스님　끌개란 무엇입니까?

최창현 박사　사발 안에서 구슬을 굴린다고 생각해 보면, 이 구슬은 바닥을 중심으로 왔다갔다 하다가 결국 맨 밑바닥에서 정지할 것입니다. 이 운동을 '가로축이 위치, 세로축이 속도'인 위상공간에 그려보면, 한 점으로 빨려 들어가는 모습으로 그려집니다. 이처럼 어떤 운동을 빨아들이는 점이나 선, 면을 끌개라고 합니다.

통달스님　괘종시계의 추를 연상하면 되는 겁니까?

최창현 박사　예, 그렇습니다. 괘종시계의 흔들리는 추가 보여주는 반복적인 운동은 타원모양의 끌개를 보입니다. 반면에 카오스^{혼돈}적인 운동은 구체적이고 깨끗한 형상이 아닌 모호한 모습의 끌개를 보입니다. 이러한 끌개를 기이한 끌개^{strange attractor} 라고 하며, 이는 카오스적 운동의 대표적인 특징으로 꼽힙니다.

혼돈운동 또는 어떤 형태의 운동이라도 시각적으로 표시하는 방법 중 한 가지는 운동의 위상도를 그리는 것입니다. 이러한 그림에서 시간은 내재되어 있으며, 각 축은 상태의 한 차원을 나타냅니다. 예를 들어 이런 위상도에서 정지해 있는 계는 점으로 그려질 것이며, 주기운동을 하는 계는 단일 폐곡선으로 그려질 것입니다. 한 계의 위상도는 계의 초기조건에 그리고 매개변수의 값에 따라 바뀌지만, 대개는 일정한 운동궤적 주위의 초기조건에 대해서는, 마치 그 운동궤적에 이끌리듯이 같은 궤적에 도달하는 경우가 많습니다. 이렇게 이끄는 운동은 적절하게도 그 계의 '끌개'라고 하며, 강제된 분산체제 forced dissipative system 에서는 아주 흔하게 발견됩니다.

통달스님　'기이한 끌개'에 대한 설명을 좀 더 해주시겠습니까?

최창현 박사　기이한 끌개는 뒷장에 가서 다시 한 번 자세하게 설명하려고 하는데, 우선 여기서 언급된 운동 형태 중 대부분은, 점 고정점 이나 원형곡선 끝돌이 등의 아주 단순한 형태의 끌개를 보이지만, 혼돈 운동은 '기이한 끌개'로 알려진 매우 세밀하면서도 복잡한 형태의 끌개를 보입니다.

로렌츠 끌개는 아마도 가장 잘 알려진 혼돈계의 그림일 텐데, 이는 이것이 최초의 끌개 그림중 하나라는 것보다는, 가장 복잡한 끌개 그림중 하나이며, 또한 나비 날개 같은 매우 흥미로운 형태를 보이기 때문일 것입니다. 또 다른 끌개로 로지스틱 본뜨기처럼, 주기배증의 혼돈경로를 따르는 뢰슬러 본뜨기가 있습니다.

통달스님　기이한 끌개는 어떤 구조를 가지고 있습니까?

　신과학 복잡계 이야기

최창현 박사 기이한 끌개는 프랙탈 구조를 가지고 있습니다. 우주의 삼라만상은 진자振子의 운동보다는 불火의 운동이 지닌 현상을 더 많이 나타내고 있습니다. 불의 운동은 되돌릴 수 없는 비가역적 과정입니다. 불타버린 집은 다시 원상태로 복구할 수 없습니다. 조직에 있어서 변화과정은 불의 운동과 같습니다.

우리가 좌절하거나 분노했을 때 조직의 비밀을 발설하기도 하나, 일단 발설한 것을 주워 담을 수는 없습니다. 잠정적으로 조직구조의 변화를 고려하나 우리가 좋든 싫든 곧 그 변화된 상태에 집착하게 됩니다.

뉴턴의 기계론적 세계는 존재의 과학, 즉 실체에 초점을 맞췄다고 한다면 혼돈이론은 생성의 과학, 즉 실체보다는 과정에 초점을 맞추고 있습니다. 조직관리적인 측면에서 보면 최종 의사결정이나 근로자의 업무수행 성과보다는 조직 내에서 의사결정이 이루어지는 과정이나 근로자를 관리하는 관리방식에 초점을 맞춰야 된다는 것을 의미합니다.

진자振子는 불火과는 다른 방식으로 운동합니다. 우선 진자의 운동은 예측이 가능하지만 불의 운동은 예측이 불가능합니다. 일단 우리가 진자의 초기치를 알면 그 기계론적 체제의 운동방향을 정확히 예측할 수 있으며, 초기치를 모른다 하더라도 진자의 운동궤적을 한두 번 관찰하면 미래의 방향을 예측할 수 있습니다. 진자의 운동궤적을 시계열과 위상공간으로 표현해 보면, 시계열은 한 변수의 시간의 흐름에 따른 변화를 나타낸 것입니다.

통달스님　그렇다면 위상공간이란 무엇입니까?

최창현 박사　위상공간이란 독립변수를 축으로 하는 공간으로, n개의 독립변수면 n차원의 공간이 됩니다. 3차원 이상의 경우 기이한 끌개가 나타납니다. 끌개란 한 특정 계수값에 대한 체제의 변화를 나타내 주는 것입니다. 자연체제에서 규명된 끌개의 존재는 사회체제에 많은 시사점을 주고 있습니다. 개인의 행태는 변화무쌍하여 예측불가능하다고 여겨지지만 일정한 행동을 하도록 유도해 주는 끌개가 존재할 것입니다.

분기도란 끌개는 한 특정 계수값에 대한 체제의 변화만을 보여주지만 계수값이 변할 경우 각 계수값에 대한 체제의 변화를 보여줍니다. 즉 여러 개의 끌개를 갖는 체제의 변화입니다.

통달스님　여러 개의 끌개가 갖는 체제의 변화에는 어떤 것이 있습니까?

최창현 박사　첫째는 마찰이 없는 보존체제conservative system의 경우입니다. 진자가 회전을 시작할 때 속력은 제로(0)이고 위치는 중심에서 왼쪽편인 음수값(−)을 지닙니다. 진자의 위치가 제로를 지나는 순간 속력

【 그림 1 】 진자운동의 시계열 그림(보존체제)

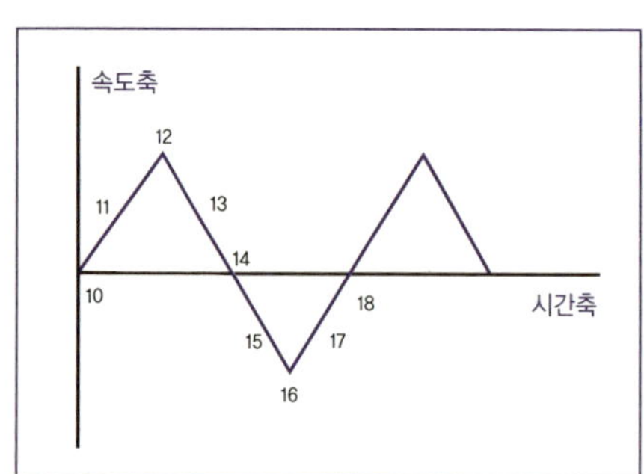

【 그림 2 】 진자운동의 위상그림(보존체제의 경우)

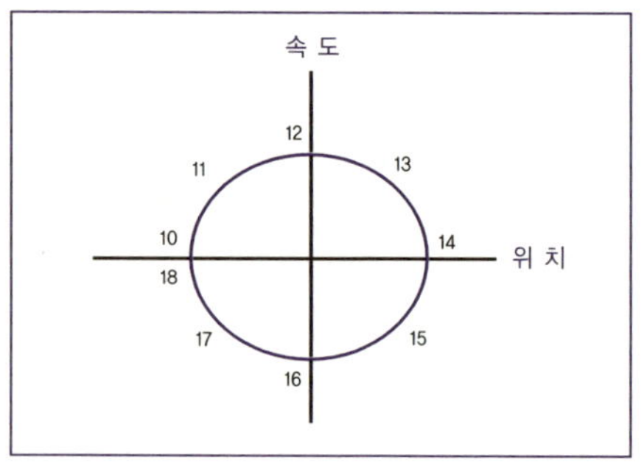

　신과학 복잡계 이야기

은 최고값으로 나타납니다. 진자가 오른쪽으로 향하면 속력은 감소하다가 제로[0]를 나타내고, 위치는 중심에서 오른쪽편인 양수값[+]을 나타냅니다. 진자가 운동방향을 바꿔 오른쪽에서 왼쪽으로 향하면, 위상공간의 X축 하단부의 궤적을 지니게 됩니다. 즉 원모양의 끌개를 보입니다.

통달스님　　마찰이 없으면 똑같은 형태로 반복이 되겠군요.

최창현 박사　　그렇습니다. 하지만 두 번째인 마찰이 있는 분산체제dissipative system의 경우는 공기저항 등의 마찰로 인해 점모양의 끌개Point Attractor를 나타내게 됩니다.

【 그림 3 】 진자운동의 시계열 그림(분산체제의 경우)

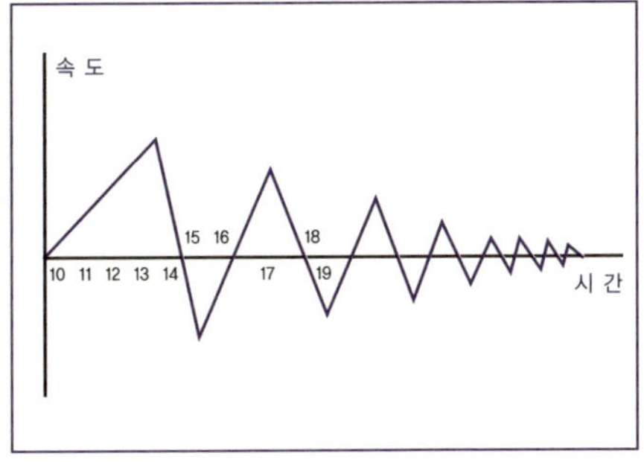

【 그림 4 】 진자운동의 위상그림(phase diagram)
(분산체제의 경우)

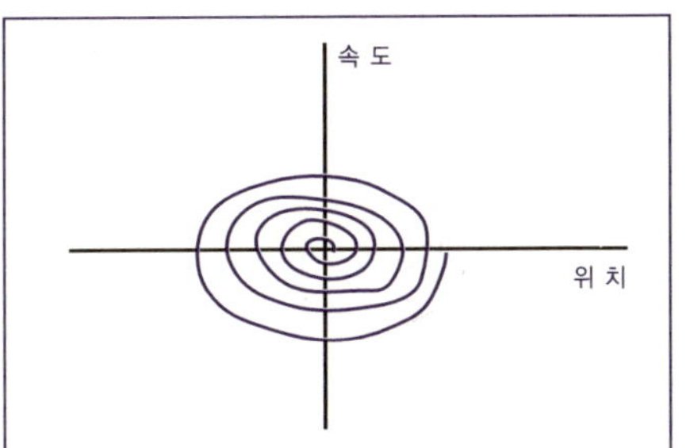

통달스님　　마찰이 있을 때는 점점 작아져서 점으로 표현되거나 마치 골뱅이 형태가 되는 것이군요.

16 — 혼돈의 가장자리란 무엇인가?

최창현 박사 다음은 혼돈의 가장자리at the edge of chaos에 대해서 이야기 해보
겠습니다.

통달스님 '혼돈의 가장자리'라…, 표현이 상당히 은유적입니다.

최창현 박사 변화하는 환경에 적응하며 진화해 가는 생명체들의 원리를 탐구하
다 보니 이들은 안정된 균형상태도 아니고 무질서한 혼돈상태도 아
닌 중간상태에 있을 때, 보다 잘 적응한다는 사실이 밝혀졌습니다.

통달스님 원래 너무 편해도 무기력해지지만 혼돈상태일 때도 무기력해지지요.
차라리 이도 저도 아닌 중간쯤일 때 가장 치열해지는 이치겠군요.

최창현 박사 그렇습니다. 균형상태에서의 작은 변화는 균형으로 다시 되돌아가
려는 성질을 갖고, 혼돈상태에서의 작은 변화는 차별화되지 못하고
바로 파묻혀버리기 때문입니다.
이에 반해 균형과 혼돈의 중간상태에서 일어난 변화들은 풍부하고
자유로운 형태를 갖게 되는데, 이러한 중간상태를 '혼돈의 가장자

신과학 복잡계 이야기

리'라고 부릅니다.

통달스님 마치 근사한 영화제목 같습니다.

최창현 박사 안 그래도 영화이야길 좀 하려고 했습니다. 〈쥬라기 공원〉은 카오스 이론을 바탕으로 하고 후편인 '잃어버린 세계'의 주제는 복잡계 이론을 바탕으로 하고 있습니다.

이 이야기는 전편의 공룡을 만들던 섬에서 출발합니다. 〈쥬라기 공원〉이 카오스에서의 '나비효과'가 주테마였다면, 후편인 '잃어버린 세계'는 과학자 말콤이 '잃어버린 세계'의 모델을 컴퓨터에 재현하고, 그 모델에서 진화와 멸종의 구조를 보이는 것에 초점이 맞추어져 있습니다. 이때, 말콤은 "복잡계는 질서의 필요성과 변화의 요구 사이에 있는 미묘한 균형을 유지한다"고 말하며, 그 자리를 카오스의 가장자리라고 부르고 있습니다.

카오스의 가장자리가 새로움의 창조와 안전성을 동시에 유지하는 장소라는 것이지요. 너무 근접하면 질서가 흩어져 버릴 것이고 반대로 지나치게 떨어지면 경직화, 획일화에 빠지기에 경직화·획일화가 아닌 절묘한 그 자리가 카오스의 가장자리라는 말입니다.

통달스님 사회가 발전하기 위해서는 다소의 혼란, 복잡계에서 말하는 요동을 수용하는 유연성과 용기가 있어야겠지요.

최창현 박사 카오스 이론또는 복잡계은 한결같이 변화를 두려워하지 않을 때에만 발전·개혁이 가능함을 시사하고 있습니다. 우리나라 조선시대에는 결국 사대와 쇄국으로 철저한 폐쇄계를 만들어 발전의 계기가 될 카오스의 가장자리조차 나타나지 못했습니다.

대부분의 기득권층^{양반}은 나라와 민중을 아예 무시하며 오로지 눈
앞의 이권과 자리를 고수하는 일에만 관심을 가졌던 것이지요. 그
러니 아무리 계몽가^{실학파}들이 혁신을 외친다 해도 허공에 돌을 던
지는 것처럼 어떤 작은 요동도 일으키지 못하고 영영 역사속으로
사라지고 말았던 것입니다.

17— 서양 사상은 카오스를 억압한 역사라 할 수 있나?

최창현 박사 서양사상은 카오스를 억제하고 질서 혹은 either/or적 사고방식에 초점을 맞추어 왔습니다. 그리스 신화에서도 이러한 점을 찾아 볼 수가 있습니다.

통달스님 천지창조와 신들의 계보에 대하여 서술한 헤시오도스의 『신통기』에 따르면, 최초로 '무한한 공간'인 카오스가 생기고, 뒤를 이어 대지의 여신 가이아와 모든 물질이 서로 '결합·생성'하는 정신적인 힘인 에로스가 생겨났다지요?

최창현 박사 네, 카오스는 최초의 우주상태. 즉 하늘과 땅의 구별이 없고 혼돈과 무질서 그 자체인 상태를 말하는데, 이 카오스는 형체 없는 혼란덩어리요, 한 사물에 불과했으나 그 속에는 여러 사물들의 씨가 잠자고 있다고 합니다. 카오스로부터 '닉스밤'와 '에레보스어둠'가 태어났는데, 닉스는 밤하늘의 어두움이고, 에레보스는 땅 속의 칠흑 같

은 어두움입니다. 이 둘은 서로 어울려 맑은 대기인 '아이테르^{창공}'
와 '헤메라^낮'을 낳았습니다.

이렇게 해서 카오스로부터 모든 천체가 운행할 우주의 드넓은 어둠
과 낮과 밤의 세계가 생겨났다고 합니다. 이렇게 형태와 모양이 갖
춰진 질서정연한 우주의 모습을 코스모스라고 하지요.

통달스님 옛날이야기라 그런지 참 재미있습니다.

최창현 박사 옛날이야기 중에서도 가장 오래된 옛날이야기라고 할 수 있겠지요.
하하하…, 가이아^{대지}는 모든 세계의 근원으로, 우선 우라노스^{천공}
와 폰토스^{대양}를 낳고, 우라노스와 결혼하여 12명의 티탄과 키클롭
스, 헤라콘케이를 낳았습니다.

티탄족들은 아들인 오케아노스, 크이오스, 히페리온, 크리오스, 이
아페투스, 크로노스와 딸들인 테이아, 레아, 므네모시네, 포이베,
테티스, 테미스입니다. 이들은 원시적인 자연력의 상징이며, 후에
천상을 지배할 올림포스 신족의 선조격인 것입니다.

통달스님 드디어 신들의 전쟁이 시작되었군요.

최창현 박사 그렇습니다. 하늘과 땅이 정비되자 가이아는 우라노스에게 모든 권
력을 넘겨주었습니다. 그러나 우라노스는 가이아가 낳은 무시무시
한 자식들의 모습이 보기 싫어, 그들을 빛이 닿지 않는 가이아의 몸
속 깊은 곳에 있는 타르타로스에 가두었습니다.

가이아는 덩치 큰 자식들이 자신의 몸 안에서 요동치는 바람에 괴
롭게 되었습니다. 가이아는 티탄신들 중 가장 강력한 존재인 크로
노스를 앞세워 우라노스에 맞서기로 했습니다.

신과학 복잡계 이야기

가이아는 '스키테'라는 거대한 낫을 크로노스에게 주었는데, 크로노스는 이 낫으로 우라노스의 생식기를 잘라 바다로 던져 버렸습니다. 우라노스에게 권력을 주었던 가이아는 이렇게 하여 그를 다시 권좌에서 내쫓을 수 있었고, 이후로 우주 최초의 부부였던 가이아와 우라노스는 영원히 갈라서게 된 것입니다.

통달스님 우주 최초의 부부가 헤어졌으니 이제 하늘과 땅은 멀리 떨어지게 되어 더 이상 섞이는 일이 없게 되고 말았군요.

최창현 박사 예, 그렇지요. 우주의 권력을 장악하게 된 크로노스는 자신의 형제들인 티탄족들은 모두 구출했지만, 보기 흉한 키클롭스와 헤카톤케이레스들은 그대로 땅 밑에 가두어 놓았습니다. 이것을 섭섭하게 여긴 가이아는 크로노스에게 자신의 아들에 의해 쫓겨날 것이라는 저주를 했습니다. 불안해진 크로노스는 그의 아내 레아가 자식을 낳으면 모두 삼켜버렸습니다. 그들은 헤스티아, 데메테르, 헤라, 하데스, 포세이돈입니다.

마지막 아들인 제우스가 태어났을 때 레아는 돌을 자신의 옷에 싸서 아기라고 속여 남편에게 보여주었습니다. 제우스는 숲속 님프들의 손에서 자랐고 성장한 뒤 아버지 크로노스에게 대항하여, 먼저 크로노스가 삼켜버린 다섯 형제자매들을 모두 토해내게 했습니다. 그들은 죽지 않는 신들이라서 모두 건강하게 살아 있었습니다.

크로노스에게 구출된 다섯 형제들은 제우스를 지도자로 삼고 티탄족에 맞서 반란을 일으켰습니다.

올림포스의 제우스와 형제들은 티탄족의 감옥에 갇혀있던 키클롭

카오스
타르타로스
가이아
에로스
닉스
에레보스
우레아
폰토스
우라노스
아이테르
모무스
모로스
히프로스
케레스
아파테
게라스
티폰
기간테스
헤메라
포노스
타나토스
허스페리데스
네메시스
필로테스
에리스
사이클롭스
레아
포이베
헤카톤케이레스
오케아노스
에키드나
에리니에스
크로노스
크리오스
히페리온
이아페투스
테티스
엘렉트리온
멜리아
이나코스
3000명의 아들과 딸
리킴리오스
헤스티아
헤라
데메테르
레토
프로메테우스
플레이오네
세멜레
알크메네
하데스
포세이돈
제우스
에피메테우스
아틀라스
디오네
이오

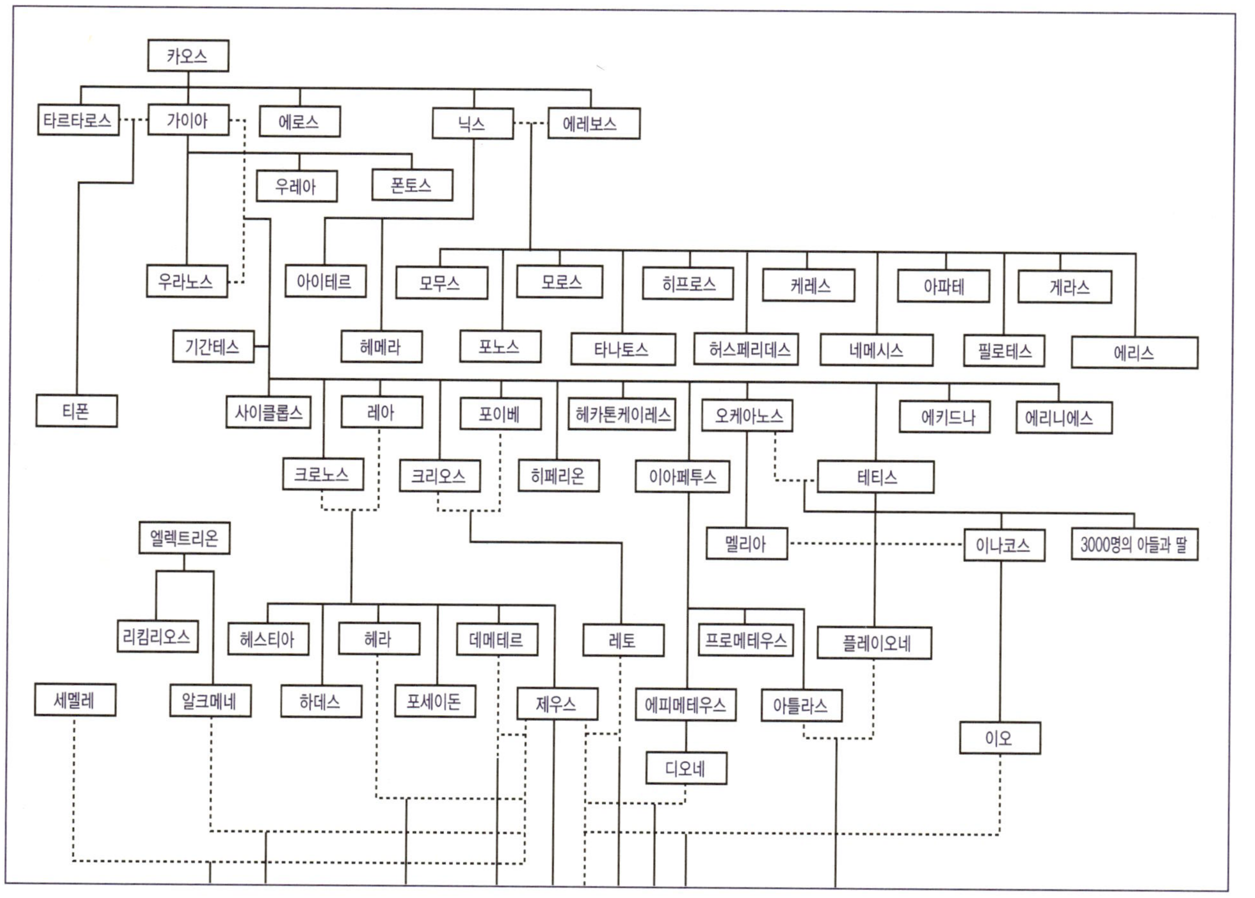

신과학 복잡계 이야기

스들과 동맹을 맺었고, 이들 키클롭스들은 훌륭한 대장장이들이었
는데 제우스에게는 '번개'를, 포세이돈에게는 삼지창을, 하데스에
게는 머리에 쓰면 상대방에게 보이지 않게 되는 황금투구 '퀴네에'
를 무기로 만들어 주었습니다.

그렇게 시작된 티탄족들과 올림포스 신들과의 전쟁을 티타노마키
아라고 합니다. 이 전쟁은 9년 만에 제우스의 승리로 끝남으로써
올림포스 신들의 시대가 시작되었습니다. 전쟁에서 진 크로노스를
위시한 티탄들은 땅속 깊은 곳에 갇히게 되었습니다. 그러나 티탄
가운데 '아틀라스'만은 제우스로부터 영원히 하늘을 떠받치고 있어
야 한다는 무서운 벌을 받게 되었습니다. 티탄족을 정복한 제우스,
포세이돈, 하데스는 제비를 뽑아 세계를 나누어 다스리기로 했는데
그 결과 제우스는 하늘을, 포세이돈은 바다를, 하데스는 지하세계
를 다스리게 되었습니다.

통달스님 정말 재밌습니다. 학교 다닐 때 그리스 · 로마 신화에 나오는 신들
의 이름을 열심히 외우던 생각이 납니다.

최창현 박사 저는 어른이 된 지금도 심심하면 책장에서 꺼내서 읽곤 하는데, 무
엇보다도 신들이 퍽이나 인간적이어서 더 흥미로운 것 같습니다.
새로운 승리자 제우스는 티탄신들을 땅속 깊은 곳인 타르타로스에
가두었습니다.
이러한 제우스의 처리방식을 못마땅하게 여긴 가이아는 기간테스
들을 낳아 제우스에게 복수하려 하였습니다. 기간테스들은 큰 몸집
에 힘이 세고 몹시 사나운 종족으로, 올림포스 신들에게 도전하여

격렬한 전쟁을 벌였습니다. 치열한 전쟁은 오랫동안 계속 되었고 올림포스 신들은 용감히 싸웠지만 기간테스들도 만만치가 않았습니다. 그러나 올림포스 신들만으로는 이 전쟁을 이길 수가 없었기에 인간의 도움이 있어야만 전쟁을 이길 수 있다는 신탁이 있었던 것입니다. 그렇게 해서 헤라클레스가 이 전쟁에 개입하게 되었고, 결국 올림포스 신들의 승리로 전쟁이 끝이 났습니다.

통달스님 제우스의 권력투쟁이었던 기간테스와의 전쟁은 결국 인간의 개입으로 끝이 났군요.

최창현 박사 제우스의 권력투쟁으로 튀폰과의 전쟁이 또 있습니다. 제우스가 기간테스까지 물리치자 가이아는 자신의 뱃속 깊숙한 곳에 있는 타르타로스와 어울려 막내아들 '튀폰'을 낳았습니다. 키는 기간테스보다도 커서 일어서면 머리가 별에 부딪치고 손을 뻗으면 하늘의 동쪽 끝에서 서쪽 끝까지 닿았다고 합니다. 손가락 대신 뱀이 백 마리나 달려 있었고 허리 아래로는 독사들이 감겨 있었는데 날개가 있어 날 수 있으며 독사들은 검은 혀를 날름거리며 끊임없이 불꽃을 뿜어대며 듣기에도 무시무시한 소리를 냈다고 합니다. 그러나 제우스가 튀폰의 공격까지 막아내자 그의 권좌는 더 이상 위협받지 않게 되었고, 우주에는 마침내 질서 있는 안정이 잡히기 시작했습니다.

통달스님 서양 문화의 시발점이 '그리스·로마' 신화라고 해도 과언이 아닌 점을 미루어 볼 때, 제우스가 벌인 전쟁들은 혼돈으로부터 질서를 잡기 위한 투쟁이었고, 따라서 서양사상 자체가 카오스를 억압한 역사라는 것을 이해할 수 있겠군요.

 신과학 복잡계 이야기

18 — 동양에서도 복잡계와 유사한 생각이 있었나?

최창현 박사 20세기 후반부터 서구 과학계에서는 일대 혁명이 일어나고 있었습니다. 그동안 데카르트와 뉴턴에 의해서 확립된 기계론과 분해 위주로 치닫던 환원론 등의 전통적인 단순성 과학science of simplicity에서 전일론적인 복잡계과학science of complexity으로 패러다임의 대전환이 일어나고 있었습니다.

통달스님 무엇보다 컴퓨터의 등장이 패러다임의 대전환에 한 몫 한 것은 아닌지요?

최창현 박사 그렇습니다. 컴퓨터의 등장으로 힘을 얻게 된 복잡계 수학, 특히 요동 현상이 두드러진 기상학 · 해양학 · 생태학 · 행정학 · 경영학 · 심리학 · 정치학 · 경제학 · 사회학 · 군사학 등을 다룰 수 있게 되면서, 복잡계과학은 평형에서 비평형으로, 선형에서 비선형으로, 닫힌계에서 열린계로, 과학의 영역을 눈부시게 확장시키고 있습니다.

통달스님　복잡계과학을 주도하고 있는 연구소가 국내외에 있는지요? 있다면 어디입니까?

최창현 박사　미국의 산타페연구소인데, 연구소의 학제 간 연구에 자극을 받아 전 학계로 그 영역이 확장되고 있는 것입니다. 그런데 이러한 학제 간의 연구에도 불구하고 복잡계과학과 동양사상에 대해서만은 그동안 본격적인 접근을 시도하지 못하고 있는 실정입니다.

그러나 현대과학이 300여 년에 걸쳐 규명한 생명의 신비와 복잡계과학이 동양에서는 무려 3천여 년 전부터 시작되었으며 8백여 년 전부터는 실생활에서 쓰여지고 있었습니다. 국내는 삼성경제연구소 등 불과 몇 곳이 있지요.

통달스님　오호~. 거참, 놀랍군요.

최창현 박사　현대인들은 기존과학인 '환원론'에 너무나 매달려 왔습니다. 그러나 환원론은 자연을 보는 시각 자체에서부터 문제가 있었습니다. 자연을 너무 단순하고 분석적으로 규명하려고 시도해 왔기 때문입니다.

그러나 복잡계과학에서는 전체를 보면서 그 안에 내재되어 있는 보이지 않는 질서를 찾아내려고 시도하고 있는 것입니다. 자연을 분석적으로 보던 시각과는 출발부터 현격하게 달랐던 것입니다.

통달스님　결국 복잡계과학의 방법론은 동양적인 사유체계와 맞아떨어지는 것이군요.

최창현 박사　그렇습니다. 동서양을 막론하고 고대인들은 태양을 신으로 받들었습니다. 그들이 태양신을 숭배한 이유는 그만큼 태양이 인간에게는

 신과학 복잡계 이야기

없어서는 안 될 위력적인 존재로 받아들여졌기 때문이었을 겁니다. 그러나 이러한 종교적인 행위를 철학으로 연결시킨 곳은 동북아시아뿐이었습니다.

지금부터 3천여 년 전에 중국의 고대왕조였던 상나라에서는, 세계 어떤 나라에서도 유래가 없는, 날짜에 대한 표기를 숫자로 하지 않고 간지로 표시했습니다.

무슨 이유였던 간에 그들은 날짜마다 어떤 의미를 부여하여 무질서하고 무의미해 보이는 하루하루에 질서와 의미를 부여했던 것입니다. 예를 들어 우리는 하루하루의 일기예보를 한두 달 정도 계속 들어보아도 거기서 어떤 규칙성을 발견할 수는 없습니다.

그러나 참을성 있게 몇 년간 기록을 하고, 1년이란 기간, 즉 전체적인 시각으로 다시 정리해보면, 사계절이란 뚜렷한 현상이 숨어 있다는 것을 알게 됩니다. 뿐만 아니라 지구상의 모든 생물들은 이러한 사계절의 뚜렷한 현상이 숨어 있다는 것과 사계절의 리듬에 따라서 살아간다는 것을 알 수 있게 됩니다.

통달스님 우리가 지금껏 사용하고 있는 24절기를 말하는 것이군요?

최창현 박사 그렇습니다. 고대 동양학자들은 여기서 사단론을 정립했으며 이 사단론은 후에 태양력과 태음력을 혼합시킨 24절기란 아주 과학적인 역법체계로 발전시켜 농경생활에 적극적으로 활용하게 되었습니다.

통달스님 세계의 모든 문화권에서 자연에 대한 관측을 결코 소홀히 하지는 않았지만 그들은 동양의 음양론이나 오행론 같은 이론은 찾아내지 못했군요.

최창현 박사 고대 동양학자들은 자연이 아무리 무질서하게 보여도 그 안에는 음과 양이 교차되어 있고, 모든 생물들은 서로 '상생·상극'으로 연결고리를 이루고 있으며, 생명의 성장과정에는 변하지 않는 순서가 있다는 것을 알게 되었으며, 인간이란 자연을 떠나서는 생존할 수 없다는 것을 간파했던 것입니다.

이렇게 자연을 전체적인 시각으로 관찰하면서 시작된 동양철학은, 자기조직화 메커니즘을 담고 있는 음양론을 이용하여, 세상의 모든 일들을 일목요연하게 표현할 수 있는 상으로 모델링한 주역을 성립시키고, 생물들의 '상생·상극'의 순환고리를 하나로 묶은 오행론을 형성했으며, 인체를 하나의 시스템과 네트워크로 해석한 한의학이 등장했습니다. 그리고 복잡계의 특성인 초기조건의 민감성, 비평형, 시스템, 네트워크, 요동현상, 창발현상 등이 모두 내재되어 있는 사주학으로까지 발전되어 왔던 것입니다.

통달스님 오늘날 복잡계과학이 자연과학에서 출발하여 인문·사회과학으로 그 영역을 확장해 가고 있듯이, 동양에서도 자연과학 기후학에서 힌트를 얻은 복잡계과학이 사회과학으로 발전되어 왔고, 8백여 년 전부터 실생활에 활용되고 있었군요.

신과학 복잡계 이야기

19 — 사주학과 복잡계과학은 무슨 관계가 있나?

통달스님 박사님, 사주학과 복잡계과학은 어떤 관계가 있는지 궁금합니다.

최창현 박사 저의 지인 중에 사주학을 공부하시는 분이 계신데 복잡계를 공부하시고 난 뒤, 실제로 복잡계를 공부하기 전보다 사주의 정확성 부분에서 10%정도 향상 되었다고 했습니다.

통달스님 사주학 역시 통계학이니 그럴 수도 있겠군요.

최창현 박사 사주학과 복잡계과학을 비교해서 정리한 대비표를 보시면 쉽게 이해하실 수 있을 것입니다.

【 사주학과 복잡계과학의 대비표 】

사주학	복잡계과학
사주조직법	초기조건에의 민감성(sensitivity)
음양론	자기조직화(self-oganization)
오행론	되먹임고리(feedback loop)
격국론	시스템(system)
육친론	네트워크(network)
신왕, 신약론	비평형구조(non-equilibrium structure)
용신론	요동(fluctuation)
대운론	창발(emergence)

20 — 사주조직법과 초기조건에의 민감한 의존성

통달스님   사주조직법과 초기조건에의 민감한 의존성은 어떤 점에서 비슷하다는 말씀인지요?

최창현 박사   사주학에서는 출생의 '년·월·일·시'를 초기조건으로 잡고 있는데 2시간 단위로 다른 형태의 사주가 성립하도록 짜여 있습니다. 그러니까 단적으로 말하면 초기조건의 출생시는 2시간 차이로 인해서 인생의 행로가 크게 달라질 수 있다는 것입니다.

서양에서는 20세기에 와서야 밝혀진 초기조건에의 민감한 의존성을 동양의 사주학자들은 이미 13세기부터 사주조직에 응용하고 있었던 것입니다.

21 — 음양론과 자기조직화

최창현 박사 동양에서는 자연의 가장 기묘한 끌개인 음양 —암 · 수의 분화와 끌림으로 인한 창조적 재조합과 다양성—의 상대적이고 상호 보완적인 특성을 철학과 문화 등 전 분야에 적용하였습니다.

특히 음양의 자기조직화 메커니즘은 주역의 64괘 시스템에 응용되었으며, 사주학에서는 제일 중요한 기본 공식으로 쓰이고 있습니다. 또한 음양론은 우주물리학에서부터 천문학 · 원자물리학 · 상대성이론 · 상보성이론은 물론이고, 2진법과 디지털, 컴퓨터시스템과도 밀접한 관련이 있습니다.

통달스님 음양론과 자기조직화는 어떤 관계인가요?

최창현 박사 음양론에 스며있는 자기조직화의 매커니즘에 대해서 제가 썼던 글을 참고로 해 보겠습니다.

음양론은 세계에서 가장 먼저 성립된 이론이다. 고대 동북아시아에서는 BC 4천년 경에 이미 농경촌락이 형성된다. 천문과 역법의 발달은 농경과 밀접한 관계를 가지고 있는데, 갑골문에 나타나는 상왕조의 역법은 상당한 수준에 이르렀던 것으로 판명되고 있다.

그들은 '년 · 월 · 일 · 시'에 대한 개념은 물론이고 1년은 12개월, 1개월은 30일 또는 29일로 정하였고, 당시에 이미 윤달을 썼던 것이 확인되고 있다. 이것은 태양과 달에 대한 정밀한 관측 없이는 만들어질 수 없는 역법체계이다.

십간, 십이지는 사주학의 알파벳이라고 할 수가 있는데 이러한 간지가 BC 1300년 경 상왕조 때에 이미 형성되어 갑골문에 완벽하게 등장하고 있다. 십간을 일주하는 기간을 일순이라고 하는데, 이 말에는 열흘이라는 기간과 태양의 순환을 의미하는 뜻이 내포되어 있고, 태양은 하늘에서 운행되므로 당연히 십간은 하늘과 관계가 있는 것으로 추정할 수 있다. 후일 송대의 사주학자들은 이 십간을 식물의 성장과정으로 기호화 해서 의미를 부여하고 사주학을 해석학으로 발전시켰다.

상왕조 때에는 무수한 신들이 등장하는 복잡하고 독특한 형태의 종교를 가지고 있었는데, 그들은 상왕이 하늘을 주관하고 있다는 최고신, 상제의 아들인 천자라고 생각했다. 그리하여 상왕조 왕이었던 상갑 때부터 모든 왕들의 이름에 하늘을 상징하는 십간을 쓸 정도로 신성시한다. 또한 매일매일을 상제가 주관한다는 의미로 날짜를 표기하는 데 숫자를 쓰지 않고 간지를 썼던 것이다.

그런데 여기서 주의 깊게 살펴 보아야 할 것은 그들이 날짜를 표기할 때에는 십간, 십이지를 모두 썼으나 상왕의 이름에는 십간만을 썼다는 것이다. 이것은 십간과 십이지를 차별화 했다는 것을 의미한다. 그러니까 이미 이 당시부터 십간은 하늘을 상징해서 천간으로, 십이지는 땅을 상징하는 지지로 구별해서 썼다는 것을 유추할 수 있다. 그리고 이들의 주장이 발전하여 후에 음양론이 되었다는 것을 알 수 있다.

문헌상으로 '음양'이란 단어가 가장 먼저 등장하는 곳은 주역의 계사전이다. 최근 학계의 연구결과에 의하면 이 계사전의 성립 시기는 대략 2,500여 년 전 전국시대에 형성된 것으로 간주되고 있다. 그러나 주역 이전에 이미 귀장역과 연산역 등이 있었다고 전하는 것을 보면 음양론의 출발은 4,000여 년 전으로 거슬러 올라갈 수도 있다.

아무튼 이후 음양론은 중국 최초의 통일 왕조인 진대를 거쳐 한대에 이르러 발전을 거듭하여 한제국주의의 초석을 이루고 동양문명의 기본틀이 되어 동양문화 전반에 걸쳐 가장 큰 영향을 끼친 사상이 되었던 것이다.

통달스님 수천 년에 걸쳐 성립된 동양철학은 물론이고 음양론은 한의학, 건축, 복식 등 의식주 문화와 관혼상제 등의 동양문화 전반에 깊은 뿌리를 내리고 있지요.

최창현 박사 그러나 현대인들은 흔히 음양론이라고 하면 잘 알지도 못하면서 퀘퀘 묵은 엉성한 미신쯤으로 치부해 버립니다. 그렇지만 2진법과 기호학을 연구한 라이프니쯔나 상보성이론을 주장한 닐스 보아, 심리학자였던 칼 융, 중간자이론으로 노벨물리학상을 수상한 유가와 히테끼 등은 동양의 음양론에 심취하여 자기들 학문에 상당한 영향을 받게 되었습니다.

22 — 오행론과 되먹임 고리(feedback loop)

최창현 박사 서구 생물학계에서는 20세기 초에 베르나르Claude Bernard가 외부 환경이 큰 폭으로 변동하는 경우에는 건강한 유기체 속의 내부 환경은 본질적으로 일정한 상태를 유지한다는 사실을 알아냈습니다. 그리고 캐넌Walter Canon은 베르나르의 이러한 유기체의 내부 환경의 불변성 원리를 받아들여, 그것을 항상성homeostasis 이라는 개념으로 한층 더 발전시켰습니다.

그리고 캐넌의 이 항상성 개념은 베르탈란피Ludwig von Bertalanffy 에게 큰 영향을 주게 되었고, 그 결과 베르탈란피는 시스템이론system theory 을 수립하게 됩니다. 그리고 수학자와 공학자들로 구성된 사이버네틱스cybernetics 연구자들은 시스템이론을 피드백feedback 과 자동조절, 자기조직화self-organization의 개념으로 확장시키는 데 기여하게 됩니다.

이와 같이 20세기 초에야 발견된 생명의 순환적인 되먹임 고리 feedback loop가 동양에서는 지금부터 약 2,500여 년 전에 이미 오행론에 함축되어 있는 것입니다.

통달스님 그런 오행론에 내재되어 있는 순환적 인과성을 최초로 인간이라는 생물에게 적용한 것이 800년 전의 사주학자들에 의해서라는 말씀이군요.

최창현 박사 바로 그것입니다.

23 — 격국론과 시스템(system)

최창현 박사 20세기 과학의 가장 큰 충격은 시스템이 분석에 의해 이해될 수 없다는 것이었습니다. 게슈탈트 심리학자들에 의하면 조직된 전체는 부분들의 합이 아니라 그 부분들에서는 존재하지 않는 특성들이 있다는 것입니다.

통달스님 사주학자들이 그걸 간파했다는 뜻입니까?

최창현 박사 그렇습니다. 사주학자들도 부분이 전체의 합이 아니라는 사실을 간파하고 사주팔자의 부분들인 간지 한 자 한 자에 매달리지 않고 사주 전체에 기후학적으로 가장 큰 영향을 주는 월지를 중심으로 한 격국론을 만들어서 사주를 하나의 시스템으로 보고 해석하였던 것입니다.

24 — 육친론과 네트워크(network)

최창현 박사 인간과 생물들은 열린계이기 때문에 자의든 타의든 간에 서로 영향
을 끼치게 되어 있습니다. 복잡계 네크워크 이론의 창시자이자 세
계적인 권위자인 알버트 라즐로 바라바시 Albert Laszlo Barabasi 는 그
의 저서 『LINKED』에서 다음과 같이 주장합니다.

'오늘날 우리는 어떤 것도 다른 것과 따로 떨어져 발생하지 않는
다는 것을 점점 더 강하게 인식하게 된다. 대부분의 사건이나 현
상들은 복잡한 세계라는 퍼즐의 엄청나게 많은 다른 조각들과 연
결되어 있으며 그것들에 의해 생겨나고 또 상호작용한다'라고 했
습니다.

통달스님 사주학에서 육친론이란 바로 음양오행이라는 자연과학적인 리듬을
순환적인 오행의 상생, 상극을 이용해서 육친이란 사회과학적인 리
듬으로 재해석한 것이군요.

최창현 박사 그렇습니다. 육친론은 바로 나 자신을 중심으로 해서 인간사회의
최소 단위인 가정과 중간 단위인 사회, 그리고 최대 단위인 국가와
의 관계가 어떻게 연결되어 있는지를 살펴서 사주라는 시스템 내부
의 다층구조를 파악하려는 이론입니다.

25— 신왕, 신약론과 비평형 구조(non-equilibrium structure)

최창현 박사 평형 상태의 구조는 안정된 것이지만 비평형 상태의 구조는 불안정하여 끊임없이 요동하고, 그 요동이 격심하여 분기점 bifurcation point 에 이르면 종래의 구조는 무너지고 새로운 구조가 나타납니다. 일리야 프리고진 Ilya Prigogine 은 이 요동을 통한 새로운 질서의 출현을 분산구조 dissipative structure 라고 불렀습니다.

그리고 비평형 구조에서 자기조직화 하는 새 질서가 출현하려면 가장 먼저 대칭성이 파괴되어야 하며, 또한 프리고진을 가장 매료시켰던 것은 생물이 비평형이라는 조건하에서만 생명과정들을 유지할 수 있다는 사실입니다.

통달스님 자기조직화를 위한 새로운 질서가 형성되려면 대칭성 파괴와 비평형 구조가 선행되어야겠군요.

최창현 박사 그렇습니다. 사주를 해석할 때도 가장 먼저 판단해야 할 것은 우선

신과학 복잡계 이야기

감정하려는 사주가 복잡계의 비평형 상태에 해당하는 신왕 · 신약-,
비평형상태가 많은 에너지를 가지고 있듯이 사주의 신왕 · 신약도 기
가 한쪽으로 편중된 것으로 에너지의 대칭성이 깨진 것이고 동시에
풍부한 에너지를 함유하고 있는 것입니다.

26 — 용신론과 요동(fluctuation)

최창현 박사 사주학으로 말하면 격국론에 해당된다고 볼 수 있는 살아있는 시스템의 조직원리를 기술하는 포괄적인 이론적 틀을 최초로 구축한 베르탈란피가 고전 열역학으로 열린 시스템open system 에 대한 연구를 하다가 중단한 지 30여년 만에 자기조직화 하는 시스템에 가장 큰 영향을 준 분산구조가 프리고진에 의해 발표되었습니다.

프리고진의 이론에 따르면 분산구조는 평형상태와 거리가 먼 불안정 상태에서 스스로를 유지할 뿐 아니라 심지어는 진화될 수도 있다고 합니다. 에너지와 물질의 흐름이 증가하면 그 구조는 새로운 불안정성을 거치면서 스스로를 복잡성이 증가된 새로운 구조로 변화시킬 수도 있다는 것입니다.

이 놀라운 현상에 대한 프리고진의 상세한 분석은 분산구조가 외부로부터 에너지를 받지만 불안정성과 새로운 조직형태의 도약을 양의 순환고리에 의해 증폭된 요동의 결과라는 것입니다. 또한 분기점에서 분산구조는 그 환경 속에서의 작은 요동에 대해 극도의 민감성을 보여 줍니다.

흔히 잡음이라고 불리는 작고 임의적인 요동도 특정한 경로 선택을 유발시킬 수 있다는 것입니다. 따라서 모든 결정론적 기술은 분산구조가 분기점을 지날 때 붕괴합니다.

통달스님 환경속의 미세한 요동들은 그 구조가 지나게 될 가지의 선택으로 이어지게 되겠군요.

최창현 박사 그렇습니다. 어떤 의미에서 새로운 질서형태의 창발로 이어지는 것은 이러한 임의적인 요동들이기 때문에 프리고진은 이러한 상황을 '요동을 통한 질서 order through fluctuations'라고 표현하고 있습니다.

통달스님 그러니까 어떤 조직이 새로운 조직으로 진화하려면 요동현상이 필수적이겠군요.

최창현 박사 그렇습니다. 그런데 사주학에서도 사주전체를 장악하고 있는 에너지기, 즉 흔들어 줄 수 있는 에너지를 용신이라고 합니다. 그리고 이 용신이 발동할 수 있는 조건이 갖추어지면, 그 순간부터 사주전체는 용신이라는 새로운 질서에 의해서 재편됩니다. 그러므로 사주학에서 가장 중요한 핵심은 어떤 사주를 감정할 때 과연 그 사주가 용신시스템을 갖추고 있느냐가 관건이 되는 것입니다.

27 ― 대운론과 창발(emergence)

최창현 박사 복잡계는 많은 구성요소들로 이루어져 있으며, 이들 복잡한 부분들이 상호작용하며 서로 영향을 주고 받는 시스템입니다. 그리고 미시적인 부분들로부터는 유추하기 어려운 특성이, 거시적으로는 새로운 현상과 질서가 나타나는데 이 새로운 질서의 출현을 무엇이라고 하는지 아시는지요?

통달스님 '창발'이라고 하겠지요.

최창현 박사 그렇습니다. 그리고 그때 나타나는 현상을 '창발행태'라고 합니다.

통달스님 복잡계에서 가장 중요한 핵심사항이 창발현상이며 이러한 창발현상이 언제, 어떻게 발생하는지에 대해서는 아직 밝혀내지 못하고 있으며, 그러기 때문에 아직 실생활에 활용될 만큼 진전되지 못하고 있는 실정이라고 하지 않으셨습니까?

최창현 박사 맞습니다. 스님, 그러나 사주학에서는 복잡계의 요동에 해당하는 용신이 언제, 어떻게 대운과 상호작용하여 새로운 질서인 창발현상이 일어나는지를 구체적으로 밝혀내고 있을 뿐 아니라, 이미 800년 전부터 실생활에 적용하고 있으며, 그동안 수많은 사례들을 남겨놓고 있습니다.

여기서 대운이란, 사주라는 조직이 거쳐 가야할 환경이며 시간의 흐름을 말합니다. 지난 40여 년 동안에 현대과학이 밝혀놓은 가장 중요한 테마 중의 하나는 자연과 생명현상들이 비가역적이고 비선형적이라는 사실입니다.

그런데 사주학자들 역시 13세기에 이미 비가역적이고 비선형적인 대운시스템을 구축해놓고 있었습니다.

통달스님 가역성, 비가역성이란 무슨 뜻입니까?

최창현 박사 과학적인 해석에 의하면 시간에는 과거와 미래를 왔다 갔다 할 수 있는 가역성과 과거와 미래를 교환할 수 없는 비가역성으로 분리가 됩니다.

통달스님 그렇다면 대운이란 또 무슨 뜻입니까?

최창현 박사 사주학에서 대운이란 개념은 출생한 순간을 초기조건으로 하여, 계절이 봄에서 여름과 가을을 거쳐 겨울로 한 방향으로만 흘러가는 것과 같이 비가역적인 시간의 흐름이며, 사주라는 조직이 거쳐 가야할 비선형성을 내포하고 있는 환경이라고 할 수 있습니다.

그러기 때문에 사주 전체의 향방을 관장하고 있는 시스템 자체의 내부요동인 용신과 외부요동인 대운의 관계 여하에 따라서 창발현상이 일어날 수 있는지가 판가름나게 되어 있습니다.

통달스님 그렇다면 프리고진은 그의 분산구조 이론에 어떻게 도입을 시킨 것입니까?

최창현 박사 프리고진에 의하면 자연현상의 핵심적인 특성으로서 불확정성에 대한 인식은 과학 재개념화의 가장 중요한 일부입니다. 이러한 개념적 전환과 밀접하게 연관된 한 측면은, 비가역성과 시간이라는 과학적 개념과 연관되어 있습니다.

프리고진은 평형과 거리가 먼 방식으로 작동하는, 살아있는 시스템에서 비가역적인 과정들이 필수불가결한 구성적인 역할을 수행한다는 사실을 입증함으로써, 그의 분산구조 이론에 이 점의 근본적인 변화를 도입시켰습니다.

생명의 기본적인 과정인 화학반응은, 비가역과정의 원형입니다. 마찬가지로 대운시스템 역시 비가역적입니다.

통달스님 인생이란 시간의 강물도 한번 흘러가면 다시는 돌이킬 수 없는 이치와 같군요.

최창현 박사 그렇지요. 비선형현상은 우리가 예상하는 것보다 훨씬 크게 무생물 세계를 지배하고 있을 뿐 아니라 살아있는 시스템들의 연결망 패턴의 필수적인 한 측면을 이루고 있습니다.

동역학적인 시스템이론은 과학자들이 이러한 비선형현상들의 완전한 복잡성을 다룰 수 있게 해준 최초의 수학입니다. 선형시스템에서는 작은 변화들이 작은 영향을 낳고, 큰 변화가 큰 영향이나 수많은 작은 변화들의 총합을 낳습니다.

그러나 비선형시스템에서는 작은 변화가 극적인 영향을 일으킬 수

  신과학 복잡계 이야기

있습니다. 그 이유는 자기 강화적인 편차증폭 순환고리 과정에 의해, 반복적으로 증폭될 수 있기 때문입니다. 이러한 비선형 피드백 과정들은, 자기조직화의 가장 중요한 특징인, 새로운 질서의 갑작스런 창발과 불안정성의 기반이 됩니다.

수학적으로 피드백 루프는 반복이라고 알려진 특수한 종류의 비선형과정에 해당되고, 이 비선형과정에서는 하나의 함수function가 스스로 반복 작동합니다.

통달스님 반복이라는 특수한 종류의 비선형과정에 해당되는 예를 들어 주시겠습니까?

최창현 박사 알겠습니다. 스님, 에드워드 로렌츠가 발견한 기후 현상의 나비효과라는 끌개를 보게 되면 분명히 알 수 있듯이, 비선형시스템에서는 작은 변화가 극적인 영향을 일으켜 수시로 반대 좌표계를 넘나듭니다.

이와 마찬가지로 대운시스템 역시 비선형시스템이기 때문에, 한사람의 운로가 조그마한 요인용신과 대운의 관계 때문에, 수시로 고조기인 길운과 저조기인 흉운으로 왔다 갔다 합니다.

통달스님 사주학이 복잡계과학과는 매우 유사한 학문이라는 것을 알게 되었고 참으로 흥미롭습니다.

최창현 박사 그렇습니다. 이상과 같이 사주학과 복잡계과학의 키워드 부분만을 간략하게 살펴보았는데, 좀 더 상세한 설명은 다음에 나오는 관련된 장에서 상세하게 다루어 보겠습니다.

아무튼 사주학은 복잡계과학의 전 분야를 총망라하고 있을 뿐만 아

니라 창발현상이 일어나는 시기와 원인에 대한 구체적인 매커니즘
을 밝혀놓고 있으며, 또 사주학은 그동안 800여 년에 걸쳐 실생활
에서 입증된 수많은 사례들을 남겨놓고 있습니다. 그러므로 사주학
의 임상결과를 복잡계에 적용할 필요가 있고, 복잡계과학을 알게
되면 사주학을 더 잘 이해할 수 있으며, 또 복잡계과학의 이론들이
현실에서 어떻게 재현되고 있는지를 피부로 느낄 수 있을 것입니
다.

28— 적응이란 무엇인가?

최창현 박사 생물학에서의 적응이란, 변화하는 환경에 더 적합한 행동이나 생체 구조를 나타내는 형질이 자연선택을 통해 살아남아 개체군이나 종 전체에 정착되는 동적인 과정을 의미합니다.

이것은 일반적으로 매우 오랜 세월에 걸쳐 일어나는 변화입니다. 반면에 개체의 일생 같은 짧은 시간 수준에서 작은 환경변화에 대응하는 변화는 순화라고 합니다. 적응이라고 하지 않습니다.

복잡적응계에서의 적응은 이 두 개념을 포괄하여 확장한 것입니다. 외부환경의 변화나 다른 행위자들의 행동에 능동적 또는 수동적으로 반응을 하여, 행위자의 행동규칙을 바꾸는 것을 모두 적응으로 파악하면 되겠습니다.

통달스님 다윈의 진화론_{종의 기원}을 말씀하시는군요.

최창현 박사 그렇습니다. 다윈주의는 자연선택설이라고도 하고 적자생존에 의

한다고 설명하기도 합니다. 진화론의 이론적 바탕입니다. 즉 자연 조건이 어떤 것들은 조금 더 오래 살아남아 자손을 더 많이 남기게 도 하고, 어떤 것들은 반대로 그렇지 못하게 된다는 이론입니다.

사실, 생각해보면 당연한 얘기입니다만 다윈은 이것이 바로 진화를 이루어온 방법이라고 생각했습니다.

예를 들어 기린의 목이 길어진 것은, 기린 중에서도 높은 곳의 잎사귀를 더 잘 따먹을 수 있는 목이 더 긴 기린들이 목이 짧은 기린들보다는 더 잘 먹고 새끼도 더 많이 낳을 것이라는 겁니다. 이것이 세대를 수십, 수백 번 거치다보면 아무래도 목이 좀 더 긴 후손들이 많아지겠죠? 다들 부모를 닮을 테니 말입니다.

즉 기린이 무슨 노력을 한 게 아니고, 단지 자연스럽게 그런 선택을 했기 때문에, 그런 변화가 결과적으로 나타났다는 얘기입니다. 좀 더 쉽게 표현하자면, 생물이 뭔가 노력해 진화를 이루어왔다가 아니라, 자연환경에 의해 생물에 변화가 이루어져 왔고, 그게 결과적으로 진화한 것으로 보여진다는 설명입니다.

통달스님   그래서 인간이 환경의 동물이라는 말도 하는군요.

최창현 박사   그에 반해 용불용설로 알려져 있는 라마르크주의는 생물들이 열심히 노력함으로써 그 결과 진화가 이루어진다는 설명입니다.

즉, 기린 목이 길어진 건 기린이 열심히 목을 늘려 높은 곳의 잎사귀들도 먹으려고 노력했고 그러다보니까 목이 조금 길어졌고, 결국 그 새끼들도 목이 조금 길어져서 태어났다는 얘기죠. 이게 오랜 세월 지나 기린들이 다 목이 길어졌을 거라는 설명입니다.

신과학 복잡계 이야기

하지만 이건 생물학적으로 완전히 부정되었습니다. 유전에서는 이렇게 노력해 이루어진 특징, 즉 획득형질은 자손에게 이어지지 않는다는 것이 밝혀졌기 때문입니다.

권투선수의 자녀들은 모두 팔 근육이 울퉁불퉁하게 태어날까요? 다리가 부러진 사람이 아기를 낳으면 그 아기도 다리가 부러져 있나요?

기린이 목을 늘여봤자 그건 목 근육이 변한 것이지, 목 근육과 관련된 유전자가 변한 게 아니랍니다. 그리고 그 유전자가 정자나 난자에 전해져서 자손에게 이어지는 것이 아닙니다.

따라서 라마르크의 용불용설은 진화론 초기에 잠깐 나왔던 잘못된 이론으로 생물학 책에서 소개됩니다.

통달스님 용불용설이 맞는 이론이라면 사람들이 열심히 하늘을 나는 연습을 하면 언젠가는 하늘을 날 수도 있다는 뜻인가요?

최창현 박사 하하, 그렇군요.

29 — 분기란 무엇인가?

최창현 박사 갈림은 제어변수를 변화시킴에 따라 특정 시스템의 끌개구조가 질
적으로 달라지는 것을 의미합니다. 산업혁명이 발생하여 인류의 사
회체제가 산업사회로 진입된 것은 이제 100년 남짓 되었습니다.
산업사회는 농업사회의 분기점에서 진화되어 왔습니다. 일부 국가
는 아직 이 분기점에 다다르지도 못했으며, 또 산업사회로 진입한
국가들 중 일부는 새로운 분기점에 도달하여 역동적 요동을 통한
새로운 사회체제인 정보사회로 발돋움하고 있습니다.

통달스님 진화되는 과정에서 완전히 다른 모습으로 전환되는 것을 의미하는
군요.

최창현 박사 예, 역사와 진화 과정이라는 측면에서 우리나라를 예로 한번 들어 보
겠습니다. 조선 후기는 봉건제도의 모순으로 홍경래의 난, 임술민란
이 일어났고 서양세력까지 밀려와 사회의 기반까지 흔들렸습니다.

이때 등장한 대원군의 전제적 개혁정책과 강력한 쇄국정책으로 일시적이나 봉건체제가 강화되고 서양세력의 접근을 잠시 저지했으나, 일부 지식인들은 강력한 쇄국정책에 맞서 문호개방과 서구문물의 수용, 외국과 통상개화론을 주장했습니다.

이런 주장은 18세기 실학파의 북학론에서 제기되었고, 19세기 후반의 개화사상으로 발전된 것입니다. 이런 혼란 중에 자주적 개항이 아닌 무력에 의해 일본과 강화도 조약을 체결하고, 서양 각국과 잇따라 통상 조약을 맺음으로써 문호개방을 했습니다.

이로써 역사상 처음으로 자본주의적 근대 세계질서에 편입되었으나 불행히도 불평등, 비자주, 근대화의 시작으로 개방된 조선은 외부 세력의 위협 속에서 자주권 유지와 근대사회로 발전, 두 가지 과제를 동시에 떠안은 것입니다. 개항 후 조선 정부는 종전의 유교적 지배이념과 정치체제를 그대로 유지하며, 서양의 산업, 군사, 기술, 상공업제도를 도입하여 동도서기론에 입각한 정책을 폈습니다.

1880년, 개화정책을 보다 효과적으로 수행하기 위해 통리기무아문 행정기구 설치, 별기군 신식군대조직, 무기제조법과 근대 자연과학을 배워올 목적으로 청나라에 영선사 파견, 메이지유신 후 급속히 발전하던 근대적인 문물제도를 시찰하도록 하기 위해 일본에 신사유람단을 파견하기도 하였습니다.

하지만 그러한 노력에도 불구하고 개화세력의 역량 자체가 미진했고 보수세력의 강도 높은 반발 주요 사회 세력인 유생들의 소중화론에 입각한 서양 오랑캐들과 통교 비난, 소외된 구식 군인과 도시 빈민의 불만 로 마침내 임오

군란이 일어났습니다. 임오군란은 청의 개입으로 진압되었지만 개화정책은 청의 내정 간섭이 심해짐에 따라 위축되고 보수화됩니다. 급진사상을 지닌 개화파의 일부는 정치적 입지 축소에서 벗어나고자 갑신정변으로 신정부를 구성했으나, 뒷받침해줄 사회세력의 미성숙과 청의 개입, 일본을 후원세력으로 끌어들인 문제 등으로 끝내 실패하게 됩니다. 결국 조선은 외세에 종속되는 경로 의존적 path-dependent 길을 걷게 된 것입니다.

통달스님   역사적으로 살펴본 분기의 예가 또 있습니까?

최창현 박사   해방 후 자본주의와 공산주의의 갈림길 분기점에서 자본주의의 길을 걷고, 1960년대 군사정부가 수립된 후 민주주의와는 멀어집니다. 1980년 초, '서울의 봄'이라고 불리는 분기점에서 신군부정권이 들어와 민주주의로 위상 전이, 즉 체제진화의 길로 가지 못하고 군사정권의 연장이라는 체제쇠퇴의 길로 들어서게 됩니다.

그러다 김영삼정부 때 비로소 문민정부의 길로 들어갑니다. 1997년 IMF를 분기점으로 1만 달러의 덫에 걸려서 아직도 벗어나지 못하고 있는 실정입니다. 2만 달러 사회로 가기 위해서는 자율적 요동의 창조를 통해 새로운 질서로 나아갈 준비가 절실한 시점입니다.

그동안 우리 경제는 경공업 1960년대 → 중화학공업 1970~1980년대 → IT산업 1990년대이라는 시대별 성장 동력으로 고도압축 성장을 이룩하여 세계적인 제조·생산 기술력을 갖춘 산업국가로 성장을 했습니다.

1997년 외환위기로 자동차, 조선, 반도체 등 주력 산업은 구조조정의 고통을 겪기도 했으나, 부실기업을 제거하고 경쟁력 회복에 주력하여 조선업 세계 1위, 반도체산업 세계 3위 DRAM 세계1위, 자동차 생산 세계 6위, 철강업 세계 5위라는 위상을 확보했습니다.

또 1990년대 중반 이후 국가 전반의 정보화를 추진하여 인구 100명 당 초고속인터넷 가입자 수 17.2명으로 세계 1위, 인구 100명당 인 터넷 이용자 수도 51.5명으로 세계 4위를 기록하는 등 명실상부한 IT강국으로 부상했으며, 높은 교육열로 세계에서 가장 우수한 인적 자원을 갖게 되었습니다. 그러나 외형위주의 성장에 치중해 온 한 국의 산업은 아직도 글로벌 경쟁을 위한 질적 경쟁력이 크게 미흡 한 실정입니다.

그동안 기술혁신이 아닌 노동과 자본의 양적 투입으로 성장 해오다 보니 생산성의 획기적인 향상에 한계가 있습니다. 또 그간의 규제 완화에도 불구하고 경쟁을 저해하는 중복규제와 핵심규제는 여전 히 존재하고 있으며, 대립적 노사관계와 노동시장의 유연성 부족으 로 기업을 경영하기 좋은 환경적 측면에서 우리나라는 아직도 한참 낮은 평가를 받고 있는 실정입니다.

【 그림 】 개항 120년사

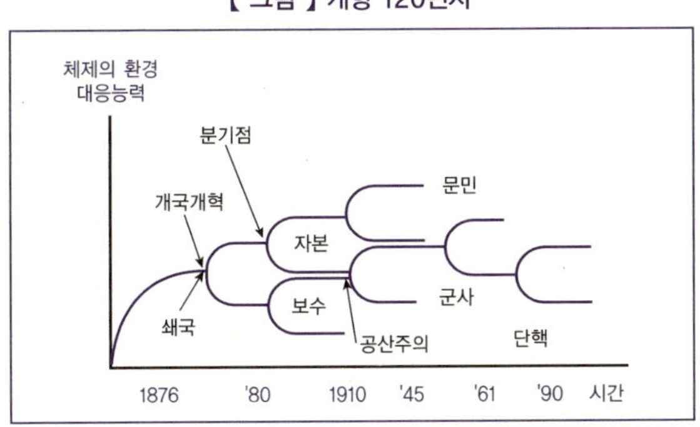

30— 공진화란 무엇인가?

통달스님 박사님께 우리나라 경제사에 대한 강의를 들은것 같습니다. 그렇다면 공진화란 또 무슨 뜻인지요?

최창현 박사 공진화coevolution 는 상호 의존적인 종들이 서로 영향을 주면서 함께 진화하는 것을 말합니다. A라는 종의 변화가 B라는 종의 생존 환경을 만들고, 다시 B의 변화가 A의 생존 조건이 되는 연속적인 과정입니다. Moore 1996;12

통달스님 생존환경이 곧 생존조건이 되는군요.

최창현 박사 예를 들면 사자가 약한 얼룩말을 잡아먹기 때문에 얼룩말은 더 빨라지고, 빨라진 얼룩말을 잡아먹기 위해 사자가 더 빨라지는 식으로 진화하는 것이 공진화의 개념입니다.

통달스님 먹이사슬이 공진화를 설명하기 가장 좋은 예로군요. 그렇다면 기업간의 공진화도 만만치 않을 것 같은데요?

  신과학 복잡계 이야기

최창현 박사 피터스와 워터맨은 지속적으로 이윤을 많이 내고 혁신적인 제품과 기술발전을 해온 보잉, 듀퐁, 코닥, 아타리, 그리고 아봉과 같은 우량기업의 관리에서 나타나는 공통된 특질을 규명하고 우량기업이 되기 위해 이러한 특질을 다른 조직도 갖추어야 한다고 합니다.

그러나 5년이 지나지 않아 우량기업으로 선정된 조직 중 3분의 2가 우량기업으로 간주되지 않습니다. 예를 들어 IBM은 우량기업으로 선정되었으나 몇 년 후 죽은 기업으로 판단되었습니다.

하지만 1980년대 후반 다시 한 번 우량기업으로 컴백합니다. 더 경쟁력 있는 창조적 경쟁자가 나타나서 게임의 규칙을 바꿔버릴 경우, 환경에 과도하게 적응된 기업은 마치 급격한 기후 변화에 직면해서 적응한 동물처럼 빨리 환경의 변화에 반응할 수가 없습니다.

통달스님 과거에 조직 성공의 요인이었던 것이 조직 실패의 원인이 되기도 하고, 동물처럼 기업도 사멸할 수 있겠군요.

최창현 박사 그렇습니다. 텍사스 인스트루먼트라는 회사는 제품을 다른 회사보다 싸고 빨리 만들어서 성공했습니다. 초기에는 반도체의 산업표준을 정하고 혁신적인 제품의 흐름을 주도했으나 점차 가격 인하에 집착하여 유행에 뒤떨어진 싸구려 제품만을 고객에게 제공하고 맙니다. 좀 더 정교한 반도체 칩을 개발하지 못함으로써 경쟁자에게 밀리고 말았습니다.

결국 신제품을 개발할 필요성을 간과한 채 가격에 의해서만 물건을 팔려고 한 것입니다. IT의 초기 성공원인이었던 것이 조직을 쇠락시키는 원인이 되고 만 것입니다. 낡은 지도에 따라 행동했고 조직의 장점에 안주했으며, 안정적인 평형상태에 집착했기 때문입니다.

통달스님   조직이 생존하기 위해서는 안정적 평형상태로 이동하려고 해서는 안 된다는 냉혹한 현실을 일깨워주는 예라고 할 수 있겠군요.

최창현 박사   그렇습니다. 공진화 이론은 개체의 돌연변이가 환경에 의해 선택된다는 적자생존의 논리를 벗어나서, 실제의 진화는 개체가 전체를 진화시키고 전체가 개체를 진화시키는 상호진화의 과정이었음을 보여줍니다.

통달스님   공진화는 결국 자기조직화의 방식이군요.

최창현 박사   맞습니다. 하위체제의 구성요소들이 공진화를 통해 만들어내는 질서는 상위체제의 자기조직화 과정이라고 볼 수 있습니다. 체제 내의 한 요소가 다른 요소에게 미치는 영향이 순환고리가 되어 자신에게 돌아오는 순환적인 특성은 결국 '자기인과성 self-causality'입니다.

예컨대 꿀벌의 사회는 식물 체계, 곤충, 동물, 인간사회와도 구조적으로 연결되어 있습니다. 그리고 이러한 연결은 인간의 인식수준에서만 분리되어 있을 뿐입니다. 모든 체제는 다른 체제와 구조적 연결을 통한 자기조직화이며, 이때 공진화 매커니즘이 작용합니다. 다음은 공진화를 좀 더 자세히 이해하기 위해 생물학, 특히 진화생물학과 조직관리의 유사점을 알아보겠습니다.

: : 다윈의 생물 진화의 원칙

다윈이 제창한 진화론을 간단하게 정리해보면 다음과 같은 5단계로

 신과학 복잡계 이야기

구분할 수 있다.

출발점은 1. 생물은 일반적으로 새끼를 많이 낳는다는 사실이다.

다음은　2. 수가 많기 때문에 그들 사이에는 격심한 생존경쟁이
　　　　　일어난다.

그러나　3. 변이를 수반하는 것이 있어서, 그 변이는 생존경쟁에
　　　　　유리하게 작용하는 경우가 있다.

그 결과　4. 유리한 변이를 일으킨 변종은 살아남을 가능성은 극히
　　　　　적지만 진화의 가능성은 높아진다.

　　　　　5. 이러한 과정이 오랫동안 반복되어 몇 백 몇 천 세대 계
　　　　　속된 결과, 그 변종은 드디어 해당 종 내에서 다수파가
　　　　　될 것이다.

이것이 바로 새로운 종의 탄생, 즉 종의 진화다.

그런데 실제로 능력이 떨어지는 생물은 살아남기 어렵고, 우수한 생물이 살아남기 쉬운 것일까. 이러한 의문에 대하여 다윈의 진화에 비판적인 이마니시는 사자와 얼룩말의 관계에 대하여 다음과 같이 설명한다.

: : 이마니시의 사자와 얼룩말의 관계

사자가 얼룩말 무리를 습격하면 얼룩말은 필사적으로 도망치고 사자는 전력을 다해 쫓는다. 다윈식으로 말하면 발이 빠른 얼룩말은 잡히지 않고, 발이 느린 얼룩말이 먹힐 것이다.

그러나 사자에게 먹힌 얼룩말은 발이 느리고, 살아남은 얼룩말은

발이 빨랐다는 증거는 아무 데도 없다.

이마니시는 사자에게 잡힌 얼룩말은 단지 운이 나빴을 뿐이고, 살아남은 얼룩말은 운이 좋았을 뿐이라고 생각한다. 실제로 사자는 무리 중에서 발이 느린 얼룩말만을 골라 습격하는 것같이 보이지 않는다. 사자는 순발력이 좋으나 지구력은 없으므로 맨 처음 눈에 띈 목표를 향해 단숨에 습격한다.

목표로 삼은 얼룩말을 쫓을 때는 비록 늦게 도망치는 얼룩말이 뒤에 있어도 사자는 목표를 바꾸지 않는다. 사자는 끝까지 처음에 노린 얼룩말을 쫓는다.

이러한 사실에서 알 수 있듯이 사자의 눈에 띈 얼룩말은 단순히 운이 나빴을 뿐이다. 이마니시는 '적자생존'이 아니라 '운 있는 자 생존'이라고 표현함으로써 자연도태와 적자생존에 의한 무방향인 진화를 비판한다. 〈진화론이 변하고 있다〉(1992) 중에서

31— 선형성과 비선형성은 무슨 뜻인가?

통달스님   복잡계라는 새로운 과학의 등장이 자연과학 및 사회과학에 혁명적 사실일 것이라는 점을 고려해야 할 것 같은데 박사님의 생각은 어떻습니까?

최창현 박사   전통적으로 자연과학과 사회과학자들은 체제의 행태를 선형적인 관점에서 설명해 왔습니다. 물론 그들은 실제 관계가 비선형적이라는 사실을 알고 있지만 비선형관계는 다루기 힘들고, 그리고 이는 선형근사치를 사용하여 단순화할 수 있다고 생각해 왔습니다. 그러나 이러한 단순화가 과연 실제적으로 이용하고 인정할 만한 것인지를 알아보기 위해서는 먼저 선형체제와 비선형체제 간의 차이점에 대해 생각해 볼 필요가 있습니다.

:: 선형체제와 비선형체제 간의 차이점

첫째, 선형관계에 있어서 주어진 원인은 단지 하나의 결과만을 갖는다. 그러나 비선형관계에 있어서는 주어진 원인이나 행동은 여러 가지 다른 영향이나 결과를 초래할 수도 있다. 다시 말해 선형방정식은 단지 하나의 해를 갖고 쉽게 그 해를 구할 수 있지만, 비선형방정식은 하나 이상의 해를 가지며 일반적으로 해를 구하는 방법이 존재하지 않는다.

둘째, 선형체제는 단순한 부가적 특질을 갖는다. 즉, 부분의 합이 곧 총합이라는 점에서 부가적 특질을 갖는다. 선형체제는 부분 구성요소로 쪼개어질 수 있고, 각 부분 구성요소를 연구하고 설명한 후 이를 다시 결합하면 전체에 대한 설명을 할 수 있다는 논리다. 그러나 비선형체제는 이런 단순한 부가적 특질을 갖지 않는다.

부분의 합은 총합보다 크기 때문에 시너지효과를 보인다. 따라서 부분으로 쪼개고 이를 다시 결합하는 환원주의자적인 방법에 의해 비선형체제를 완전히 이해할 수 없다. 그 대신 전체로서의 체제가 나타내는 행태의 패턴을 이해하려면 전체적 혹은 체제적 접근법을 택해야만 한다.

32 — 순환고리란 무엇인가?

통달스님   순환이라 함은 쉽게 말해서 돌고 도는 것일 테고, 그것이 고리로 연결 지어진 것을 순환고리라고 이해하면 되겠습니까?

최창현 박사   예, 단순하게 표현하면 맞는 말씀입니다. 복잡계에서의 비선형순환체제는 편차증폭 순환고리와 편차상쇄 순환고리로 유도됩니다.

통달스님   아이고, 용어가 어렵습니다.

최창현 박사   학문적 용어라 표현이 생경하고 어려워 보여서 그렇지 알고 보면 쉽습니다. 먼저 편차상쇄에 대해서 설명하겠습니다. 예를 들어, 집의 중앙난방 시스템은 편차상쇄 순환고리의 방식으로 통제됩니다. 적정온도를 설정해 놓으면 감지기는 방의 실제 온도를 측정하여 적정 온도와의 차이를 대조합니다.

만일 온도가 너무 낮으면 시스템을 작동시키고 온도가 너무 높으면 시스템을 중지시킴으로써 그 편차를 통제시스템으로 전달합니다.

이러한 순환고리는 본래의 편차를 차감하거나 상쇄하는 편차상쇄의 방식입니다.

통달스님 적정값을 자율적으로 정하는 시스템이군요.

최창현 박사 예, 이러한 계획된 시스템은 편차상쇄 순환고리의 개념에 근거합니다. 이는 의도된 산출물, 또는 운동의 의도된 방향을 계획적으로 설정합니다. 그런 다음 산출물은 측정이 되고 실제적인 것과 의도한 것과의 차이를 확인하게 됩니다.

다음으로 실제적인 것과 의도한 것을 근사하게 하기 위해 시스템에 수정을 가함으로써 그 차이를 줄이려는 행동을 취하게 됩니다. 케인즈 경제학파는 관리도 반드시 이러해야 한다고 주장합니다. 재정정책도 중앙난방 시스템에서 방의 온도를 설정하는 것과 비슷한 방식으로 총수요에 영향을 줌으로써 경제변동을 안정시키려고 합니다.

통달스님 아직도 지구촌 곳곳에 굶어죽는 사람들이 많은데 이럴 때 세계의 부자들이 주머니 끈을 화끈하게 풀면 좋겠습니다. 그런 것도 일종의 편차상쇄 순환고리가 아니겠습니까?

최창현 박사 하하…, 편차상쇄가 그렇게도 이해될 수 있겠군요. 역시 스님다운 발상이십니다.

통달스님 저 같은 사람이 경제나 정치를 어찌 알겠습니까. 그저 내게 좀 남는 것을 기꺼이 내어놓는다면 누군가 그만큼 혜택을 받게 되겠지요. 그런 순환고리가 늘 아쉬울 뿐입니다.

최창현 박사 그것이 어쩌면 우리 모두가 꿈꾸는 이상향일 수도 있겠지요. 다음은 편차증폭 순환고리에 대한 설명을 해보겠습니다. 편차증폭은 편차상쇄와는 반대되는 개념이라고 할 수 있습니다.

순환고리는 두 개 사이의 차이를 줄이기 위한 방법으로, 의도와 산출 사이의 불일치를 환류시키기보다는 점차적으로 그 차이를 넓힙니다. 만일 편차증폭 순환고리를, 실제 온도를 적정한 온도로 맞춰주는 집의 중앙난방시스템에 적용한다면, 그 편차는 통제시스템으로 전달될 것입니다. 그런 다음 이것은 더 많은 열을 가하게 함으로써 실제 온도를 설정한 온도보다 더 높이 올라가게 할 것입니다.

편차증폭 순환고리는 편차를 줄이기보다는 오히려 더 증폭시킵니다. 그러므로 편차상쇄 순환고리는 감폭되어지고 안정적인 것인 반면에 편차증폭 순환고리는 증폭되고 불안정적인 것입니다.

편차증폭 순환고리가 작동한 결과 경제적 불안정성은 감소되기는커녕 증가되고 있습니다.

통달스님　그렇게 심한 빈부차는 사회나 경제에 있어서 위험한 복병일 수도 있는 거지요.

최창현 박사　그렇습니다. 우리 사회에서는 편차증폭 순환고리가 경제와 업무생활에 널리 퍼져 있습니다. 이는 자기강화 성장, 우세효과, 연쇄반응, 자기실현적인 예언, 그리고 악순환의 형태를 취할 수 있습니다. 또한 편차상쇄와 편차증폭의 두 순환고리는 조직에 있어서 두 가지의 다른 학습형태로 나타납니다.

33 — 나비효과란 무엇인가?

최창현 박사 영화 〈쥬라기 공원〉에서 여자 주인공이 남자 주인공에게 혼돈이론이 무엇이냐고 물어봅니다. 남자 주인공은 초기조건의 민감성을 쉽게 설명해 줍니다. 그러나 관객이 다시 살아난 공룡을 보고 열광한 나머지 이 영화가 본래 하고자 한 이야기는 별로 주목받지 못했습니다.

통달스님 저도 그 영화를 봤는데 그런 대사가 있는 줄을 몰랐습니다.

최창현 박사 그것은 원작의 의도를 충분히 살리지 못한 영화 자체에도 책임이 있지만, 이 영화의 주제는 〈쥬라기 공원〉이 과연 가능한가 하는 점입니다. 공룡들을 다시 살려내는 문제가 아니라, 철저히 고립된 계에서 우리가 만들어낸 공룡들을 완벽히 통제하는 일이 과연 가능한가?

쥬라기 공원을 운영하는 일은 공룡들을 다시 살려내는 문제와는 별

  신과학 복잡계 이야기

개의 것이기 때문입니다. 영화는 스스로 번식하여 통제가 불가능해진 공룡들의 반란을 통해 쥬라기 공원의 통제는 불가능하다는 것을 보여줍니다.

그런데 왜 공룡들을 통제할 수 없는 걸까요? 만약 개구리가 아닌 다른 동물의 DNA에 이식했다면 통제가 가능했을까요?

통달스님 영화 〈쥬라기 공원〉을 다른 각도로 다시 한 번 봐야겠습니다.

최창현 박사 영화는 쥬라기 공원의 안전성을 검사하기 위해 몇몇 과학자들이 초빙되어 그곳을 탐색하는 이야기로 시작됩니다. 그중에는 혼돈이론을 전공한 말콤 박사도 있는데, 그가 가끔씩 언급하는 혼돈이론은 -관객에게는 대부분 간과되었지만- 실제로 쥬라기 공원을 완벽히 통제하는 일이 왜 불가능한가에 대한 단서를 제공해 줍니다.

혼돈이론은 비선형적인 복잡계를 다루는 물리학 이론입니다. 자연의 구성요소들은 그 상호작용이 단순한 비례관계가 아닌 복잡한 비선형적인 관계로 이뤄집니다. 따라서 간단한 질서만으로 복잡한 양상을 보일 수 있습니다.

혼돈이론은 자연의 이러한 성질을 다루는 학문입니다. 혼돈이론에 따르면 간단한 미분방정식으로 기술할 수 있는 계라 해도 비선형성에 의해 초기의 작은 변화가 예측할 수 없는 전혀 다른 결과를 초래할 수 있다는 것입니다.

간단한 미분방정식으로 기술된다는 것은 그 계의 미래 상태가 결정되어 있다는 것을 의미하는데, 아주 작은 변화가 얼마 후에 그 계를 전혀 다른 상태로 바꾼다면 우리는 그 계의 미래를 예측할 수 없습니다.

통달스님   나비의 날갯 짓이 태풍으로 변할 수도 있다는 이야기군요.

최창현 박사   그렇습니다. 또 다른 예는 아널드 슈워제너거가 주연한 영화 〈트루 라이즈〉에서 폭파된 다리 끝, 즉 분기점에 걸려 있던 트럭을 생각해 볼 수 있습니다. 트럭이 대롱대롱 매달려 일시적으로 안정된 듯 했는데, 새 한 마리가 트럭에 앉자 트럭이 불안정한 상태로 빠지는 장면입니다.

견고하고 평평한 다리 위에 트럭이 있다면 새가 몇 백 마리 앉아도 끄떡없을 것입니다. 이 장면을 표현한다면 나비효과 대신 '새효과 bird effect'라 할 수 있습니다.

통달스님   나비효과초기조건의 민감성와 분기점 이론을 정말 이해하기 쉽게 설명해 주셨습니다. 큰 변화가 아무 결과가 없기도 하고 또 사소한 변화가 큰 결과를 초래하기도 한다는 뜻이군요.

다시 말해 체제가 안정적인 상태에 있다면, 예를 들어 폭파된 다리가 아니라 안정된 다리 위에 트럭이 있다면 트럭에 새 한 마리가 아니라 100마리가 앉아도 안정성을 유지할 것입니다.

그런데 불안정한 상태에서 간당간당하다가 겨우 일시적으로 안정한 상태로 돌아갔기 때문에 새 한 마리의 효과가 즉시에 나타날 수 있었던 것이군요.

최창현 박사   정확히 보셨습니다. 조직에 변화를 주기 위해서 수많은 기법들이 도입되지만, 체제를 불안정한 상태로 흔들어 놓지 않고 도입해 봐야 별효과가 못 미칠 것이라는 것입니다. 체제를 흔들어 놓은 상태,

즉 체제에 요동을 줘야만 사소한 변화가 큰 결과를 초래할 수 있습니다.

통달스님 이거 굉장한 이론입니다. 고여 있는 물은 썩게 되는 법인지라 원래 태풍이 한 번씩 와줘야 바닷속도 청소가 된다고 하더군요.

최창현 박사 그럼, 영화 〈트루라이즈〉에서 부러진 다리에 아슬아슬 걸려있는 트럭과 경로의존성 및 자기조직화 이론을 연관하여 정리를 해보겠습니다. '체제가 안정적인 상태에 있다면, 즉 멀쩡한 다리 위에서는 새는 전혀 영향을 줄 수 없음→ 하지만 혼돈의 경계에서, 즉 차가 걸쳐 있었기 때문에 새 한 마리로도 큰 영향을 미쳤음→ 체제를 흔들어놓은 상태, 즉 요동을 주어야 함. 사소한 변화가 큰 결과를 초래할 수 있음'입니다.

통달스님 꼭꼭 집어주고, 정리정돈까지 해주시니 머리에 쏙쏙 들어옵니다.

최창현 박사 하하… 바로 이해해주시니 저도 흥이 납니다. 이러한 관점에서 조직을 보게 되면 물리학이나 화학에서 얘기하는 위상전이라는 개념이 있는데, 예를 들면 모든 우주의 만물은 세 가지 상태 중에 하나입니다. '고체, 유체, 기체' 더 쉽게 예를 들면 유체인 물은 아주 안정적인 구조로 평형성을 유지하고 있는 체제입니다.

그런데 일정한 열을 가하게 되면 분기점, 즉 비등점에서 수증기^{기체}로 바뀝니다. 그리고 거꾸로 열을 가하는 대신에 열을 빼앗으면 즉 분기점^{빙점}에서 얼음이라는 고체로 바뀝니다.

어떤 상태가 바람직하느냐? 그건 알 수 없습니다. 관료제의 경우, 만약 관료제가 물 상태로 있는 것이 좋다, 지금의 관료제적 상태가 좋다, 그런데 이런 문제는 막스 베버가 얘기했듯이, 관료제가 이념적으로 가장 이상적이고 능률적인 조직의 경우는, 환경이 안정적일 때에 그렇다는 것입니다. 정적인 환경, 또 체제가 안정적인 관료제가 능률적인 조직이라는 것입니다. 어디까지나 막스 베버의 이야기지요.

그러나 지금은 사회가 산업사회에서 정보사회로 바뀌는 변혁기이고 국제환경의 흐름이 역동적이고 불확실성의 시대라는 점을 고려하면 환경변화에 따라 관료제도 물 상태에서 다른 상태로 변화해야 하지 않겠느냐 하는 것입니다.

  신과학 복잡계 이야기

34— 기이한 끌개란 무엇인가?

통달스님 '기이한 끌개'란 또 무슨 뜻인지요?

최창현 박사 '정상적인 끌개'는 평형이거나 체제에 있어서 제한된 시간경로입니다. 과일 그릇 안에 들어 있는 공을 생각해 봅니다. 그릇을 기울이거나 흔들면 공은 한쪽 위로 올라가게 되고 그런 다음에는 되돌아오거나 또는 다른 방향으로 돌아가게 되고 다시 첫 번째 지점으로 돌아옵니다. 그러나 결국에 가서는 그릇 바닥에 멈추게 됩니다. 이것은 공이 안정적인 평형점 또는 고정된 끌개점으로 끌려가는 것을 말합니다. 끌개점은 안정된 상태입니다. 체제는 진화되거나 변화되지 않습니다. 공은 항상 그릇의 바닥에 멈추게 됩니다. 이러한 산출은 예측이 가능합니다.

통달스님 큰 폭에서 점점 작은 폭으로 줄어들다가 결국 정지하겠군요.

최창현 박사 그렇습니다. 대조적으로 시계추는 규칙적이고 계속적으로 스스로 반복 제한적인 주기하는, 반복적인 움직임의 고전적인 상황입니다. 이러한 상황에서 체제는 '주기적인 끌개'를 갖습니다.

시계추는 순간순간 앞뒤로 한 지점에서 다른 지점으로 규칙적으로 움직입니다. 그러나 행태가 안정적이거나 주기적인 것이 아니라 혼돈적인 곳에서는 공이나 시계추의 두 상황보다 더욱 더 복잡해집니다.

혼돈체제에서의 움직임은 '기이한 끌개'에 의해서 결정됩니다.

앞의 공이나 시계추의 두 가지 끌개와는 달리, 기이한 끌개는 복잡한 동요 이것의 이름과 같이 와 관계가 있습니다. 이것은 한 점이라기보다는 이웃에서 시작하는 움직임을 끌어당기는 여러 점의 집합입니다.

결국 기이한 끌개는 시계추와 같이 규칙적인 주기를 따르지 않습니다. 동시에 이것은 제한된 움직임을 가지고 있으며 완전히 불안정적인 것도 아닙니다. 이 운동은 끌개의 범위 내에 포함됩니다.

통달스님 마치 나비모양의 끌개로군요.

최창현 박사 그렇지요. 앞의 15항에서 끌개란 무엇인가에서 설명한 것처럼, 비선형 순환체제에서는 안정적인 평형점이나 규칙적 주기적 인 주기를 산출해내지 않으며, 이러한 체제를 이끌어낼 수 있는 점을 가집니다. 대신에 그 산출물은 더욱 복잡한 행태를 갖습니다. 또 그 체제는 안정성과 불안정성의 혼합입니다.

과일그릇 안에서 공이 일정한 형태 없이 자유롭게 움직인다는 것을 생각해 봅니다. 공은 그릇에서 이탈하지 않으며 그 움직임도 경계

신과학 복잡계 이야기

를 가집니다.

움직임의 복잡성 때문에 체제에 있어서 모든 실제적인 목적은 완전히 불안정하고 예측이 불가능한 것처럼 보입니다. 기이한 끌개와 연관된 복잡한 행태는 안정성과 불안정성 사이의 경계에서 나타납니다.

만약 비선형순환체제가 안정적인 상태로부터 유도된다면, 기이한 끌개는 위상전이를 통과합니다. 기이한 끌개는 최근 과학에서 발견한 가장 중요한 것들 중에 하나입니다.

35 — 환원주의란 무엇인가?

통달스님　박사님, 환원주의에 대해서 말씀해 주시겠습니까?

최창현 박사　환원주의란 존재하는 모든 다양한 현상을 최하위 계층의 법칙과 개념으로 설명하려는 입장, 가장 기본적으로는 자연에서의 계층성이 인정될 때, 상위계층에서 성립하는 기본법칙과 거기에 사용되는 기본개념이 반드시 그보다 한층 아래의 계층에서 성립하는 기본법칙 및 기본개념에 의하여 번역 또는 치환이 가능하다는 입장을 가리키며, 이 과정을 반복하면 결국에 가장 기본적인 법칙이나 개념에 도달할 수 있다는 것입니다.

따라서 개념 및 법칙의 다양성을 〈줄인다〉는 의미로 〈환원주의 reductionism〉란 말이 생겨났습니다.

환원주의 : 1+1=2

창발성 : 1+1=3

신과학 복잡계 이야기

라는 공식을 보십시오.

통달스님　좀더 쉽게 설명해 주시겠습니까?

최창현 박사　모든 것은 어떤 근본적인 이론에 의해 설명할 수 있습니다. 환원된 이론의 아주 기본적인 요소들을 합하면 전체가 됩니다.

심리적 현상에 대해 심리적 용어들믿음, 소망, 분노, 욕구 등등을 사용하여 설명하던 것 대신에 물리적 용어신경세포, 전기자극, 떨림 등등들을 사용하여 설명하는 것이 환원입니다.

그리고 모든 심리적 상태에 대해 물리적 설명이 가능하다고더구나 그게 더 근본적이라고 주장하는 것이 환원주의입니다.

통달스님　듣고보니 환원주의는 '만병통치주의'를 말하는 것 같습니다.

최창현 박사　예, 그런 환원주의에 비해 창발성은 아주 기본적인 요소들을 합하면 단순 합산수치를 넘어설 수 있습니다. '전체는 부분의 합보다 크다.' 창발성 이론은 이 명제로 집약이 됩니다.

그동안 우리는 전체를 작은 부분으로 쪼개가면서 분석한 뒤 다시 그 결과를 종합해 전체 구조를 파악해 왔습니다. 그러나 하나 하나의 개체는 집 지을 능력이 안 되지만, 결국 멋진 집을 짓는 흰개미 집단은 어떻게 설명해야 할까요?

이렇듯 창발성은 구성요소들이 개별적으로 갖지 못한 특성이나 행동, 이 특성이나 행동을 모아 놓은 전체 구조에서 자발적으로 갑작스레 출현하는 현상을 말합니다.

통달스님　창발성이란 불시에 솟아나는 특성이나 행동이 어떤 복잡한 상호작용의 임계점에 도달하면 갑작스럽게 시너지효과가 발현되는 현상이지요?

최창현 박사   그렇습니다. 예비군 훈련 시 집단의 상호작용으로 개인적으로 있을 때는 멀쩡한 사람도 철부지 같이 다소 이상해지는 것과 비슷한 겁니다. 주식시장에서 집단심리들의 합이 가격을 이루는 것을 보면서 가격변동이 극대화되는 현상 또한 이와 같은 맥락이라고 할 수 있습니다.

통달스님   백억여 개의 신경세포가 모여 '마음'을 창발한다고 하지요? 물질이 모여 정신이라는 상위개념을 창발한 것이로군요.

최창현 박사   그렇습니다. 창발이란 하위계층에는 없는 특성이나 행동이 상위계층에서 자발적으로 돌연히 출현하는 현상입니다.

창발에는 많은 예가 있는데 개미사회, 인간사회, 군중심리, 주식시장, 생명현상 등등이 있습니다.

36 — 요동이란 무엇인가?

최창현 박사 조직의 요동동요을 창조하는 예를 들어보겠습니다. 일본의 위스키 제조회사인 산토리Suntory가 어느 날 갑자기 맥주를 만들어 팔더니 또 다시 녹차까지 만들어내는 자체적 요동을 하면서 성공한 사례라고 할 수 있습니다.

변화에 대한 조직의 대응능력reponsiveness에 따라서 기존구조의 재구조화. 즉, 자기조직화의 과정은 촉진되어집니다. 조직은 외부적 환경요인의 역동적 변화로 인하여 쇠퇴하거나 새로운 차원으로 성장·발전해 나갈 수가 있습니다.

통달스님 조직에 요동을 주어야만 창발성이 극대화 된다는 것이겠지요?

최창현 박사 그렇습니다. 조직이 환경변화에 대응하여 진화해 나갈 수 있도록 해주는 것은, 기본적으로 시스템 내에 축적되어 있는 내부적 자기조직화의 요인들. 즉, 시스템이 지닌 자기조직화의 특성들입니다.

시스템이 증가된 환경복잡성과 일치하지 못함으로써 발생하게 되는 과도한 엔트로피에 의해 압도되거나 소멸되지 않도록 막아주는 것이 바로 시스템이 지닌 자기조직화의 능력입니다. Kiel, 1993

통달스님 소멸되거나 쇠퇴하지 않으려면 능력을 창출해낼 수밖에 없겠군요.

최창현 박사 노나카Nonaka, 1988는 외부 환경요인의 변화에 대응하여 조직이 쇠퇴하지 않고 성장·진화해 나갈 수 있기 위해서는, 다음과 같은 기본적인 자기조직화 특성들이 조직에 내재되어야 함을 강조하고 있습니다.

:: 동요의 창조(creation of fluctuations)

시스템이 자기조직화를 통한 새로운 질서의 창출과정은 '동요를 통한 질서'의 형성과정이다. 즉, 시스템이 새로운 차원으로 진화해나가기 위한 자기조직화의 계기는 시스템의 구조요인을 질적으로 변화시키는 변수인 '동요'의 발생에 의해 비롯된다. 동요란 우연성, 애매성, 불안정성 등을 포함하는 광의의 개념으로서, 기존 질서에 대한 의문과 기존 사물의 의미나 견해에 대한 혁신적 시각 등을 제기하는 것을 말한다.

통달스님 동요란 어쩌면 '생각의 살아있음', 그 자체를 의미한다고 할 수 있군요.

최창현 박사 예, 끊임없는 의문과 견해를 갖는다는 것 자체가, 살아있어야만 가능한 것이고, 우리가 만약 더 이상 사고하지 못한다면 그것은 살아도 살아있다고 할 수 없는 것 아닐까요?

 신과학 복잡계 이야기

통달스님　동요를 통해 새로운 질서를 창출해 나가는 것이 바로 '동요의 창조'로군요.

최창현 박사　그렇습니다. 스님, 이러한 동요는 환경이 만들어 내는 경우와 조직이 주체적으로 만들어내는 경우가 있습니다.

현실적으로 양자 간에는 상호작용이 있지만, 새로운 질서의 형성을 위해서는, 조직 내에서 의도적·제도적으로 환경의 변화와 연동하여, 창조적으로 요동을 발생시키는 편이 유효합니다. 자기조직화 조직에서 창조적으로 발생시키는 동요는, 이른바 '진화형 동요'로서 구성원들의 다양한 창조적 사고나 혁신적 발상, 미래지향적 행동 등의 유발을 의미합니다. 이러한 동요들은 조직이 엔트로피에 의해 압도되거나 소멸되지 않도록 막아줌으로써, 조직이 새로운 구조를 창조해 나가는 요인이 됩니다.

통달스님　동요가 만들어낸 구성원들의 창조물을 조직이 새롭게 재창조해야겠군요.

최창현 박사　그렇습니다. 구체적으로는 공무원 개개인의 독창적·혁신적 아이디어의 적극적 발굴, 타지방 자치단체에 비해 더 나은 행정서비스의 개발 및 도입, 전략적으로 중요한 시점에는 현행직무와는 관계없이 과감한 인사이동을 통한 이종혼합의 실시, 수시로 새로운 아이디어를 갖고 있는 사람이나 중견간부의 외부로부터의 채용, 새로운 조직과 제도를 끊임없이 형성하는 것 등이, 새로운 질서의 창조를 위한 계기로서의 동요를, 조직 내에서 주체적으로 발생시키는 예라고 할 수 있습니다.

37 — 분산체제란 무엇인가?

최창현 박사 비선형순환체제의 기본적인 특성으로서 '자생emergence'이라는 중요성에 대한 소위 분산체제dissipative systems는 프리고진의 연구에서부터 나왔습니다. 분산체제는 분산에너지인 마찰때문에 힘을 가지고 있지만 구조는 유지하고 있습니다.

통달스님 물이 물일 때는 그저 물일뿐이라는 뜻인가요?

최창현 박사 그렇지요. 분산에너지인 마찰이 생기기 전까지는 여전히 물인 것이지요. 다른 표현으로 하자면 액체는 열역학 평형에서 환경과 온도로부터 차단되어 있을 때 시종일관 동일합니다. 이때 액체는 포괄적인 단계에서 안정된 상태에 있게 됩니다. 즉, 분자가 여러 방향으로 움직이고 다른 방향에서 마주친다고 하더라도 대량 운동은 없습니다.

평형에서 분자들의 위치와 운동은 임의적이며 그러므로 서로 독립적입니다. 평형에서는 아무것도 일어나지 않습니다. 체제의 행태는 대칭적이고, 동일하며 규칙적입니다. 액체에서 모든 점은 다른 모든 점과 동일합니다. 일정한 시간 안에서 액체의 모든 점은 다른 것들처럼 정확히 같은 상태를 가집니다.

통달스님 그저 물일뿐인데 외부의 영향을 받게 됐을 때의 변화는 예측불허이겠군요.

최창현 박사 액체가 어떤 '통제요소'. 즉, 열과 같은 환경적 조건에 의해서 평행으로부터 멀리 밀쳐졌다면 체제는 편차증폭순환을 할 것입니다. 그리고 이것은 액체의 모든 것에 동요를 증폭시킬 것입니다.

그래서 만약 처음에 액체의 층상이 열역학 평형과 차단되고 바닥에서부터 열이 가해진다면, 요동이 시작되거나 또는 액체가 존재하고 있는 환경적 조건에 변화가 일어날 것입니다. 그런 다음 온도의 변화는 증폭되거나 또는 액체의 여러 곳으로 퍼지게 됩니다.

이러한 증폭의 결과는 대칭을 파괴하고 액체 내의 차이를 가져오는 원인이 됩니다. 처음에 분자가 임의적으로 운동하는 것을 멈추고 위쪽으로 올라오기 시작합니다. 이것들은 대부분 온도가 최고점까지 상승함에 따라 영향을 받습니다. 결국 이러한 운동은 대류하기 시작하고 이것으로 인해서 영향 받은 분자들은 변위되고 밑으로 밀쳐집니다.

가열이 되면서 그것들은 위로 올라오고 반대로 다른 것을 아래로 밀쳐냅니다. 분자들은 원을 그리며 움직입니다. 액체의 대칭은 대량운동으로 인해서 깨지게 됩니다. 액체에서의 각 점은 더 이상 같지 않습니다.

어떤 점은 위로 움직이고 다른 점은 아래로 내려갑니다. 나중에, 온도의 임계점에 도달하게 되고 새로운 구조는 다시 액체상태로 나타납니다. 분자는 규칙적인 방향으로 운동하고, 육각형 소자로 설정되며, 어떤 것은 시계방향으로 돌아가고 다른 것은 시계 반대방향으로 돌아갑니다.

다른 말로 하자면, 자기조직화를 하는 것입니다. 이것이 나타내는 것은 장기적인 결합력입니다. 분자운동은 마치 그것들이 의사소통하는 것처럼 서로 연관되어 있습니다. 그러나 각 소자의 운동방향은 예측이 불가능합니다. 이것은 미래를 결정할 수 없습니다.

통달스님 분산체제 역시 결국은 자기조직화의 과정으로 귀결되는군요.

최창현 박사 그렇습니다. 한 소자가 가게 될 방향은 소자가 형성된 것처럼 존재하는 조건에의 작은 차이점에 달려 있습니다. 액체에 열이 더 가해짐에 따라 소자패턴의 대칭성은 파괴되고 다른 패턴이 도출됩니다. 결국 액체는 혼돈의 요동상태에 도달할 것입니다.

완전히 질서정연한 상태로부터 가장 복잡한 질서로의 운동은 불안정한 과정을 통해서 나타나게 됩니다. 그 체제는 안정된 평형에서 벗어나 혼돈으로 갑니다. 그 과정은 새로운 것을 창조하기 위한 파괴의 방법이며, 조셉 슘페터는 경제학에서 이것을 '창조적 파괴의 질풍'이라고 설명하고 있습니다.

 신과학 복잡계 이야기

38 — 위상공간이란 무엇인가?

최창현 박사　동력학계의 위상공간^{phase space}은 수학과 물리학에서 계가 가질
수 있는 모든 상태로 이루어진 공간입니다. 고전역학에서 위상공간
은 위치와 운동량의 변수가 가질 수 있는 모든 값들로 이루어집니다.

통달스님　위상이란 진동이나 파동과 같이 주기적으로 반복되는 현상에 대해
어떤 시각 또는 어떤 장소에서의 변화의 국면을 가리키는 물리학
용어라고 알고 있습니다.

최창현 박사　맞습니다. 한 개의 입자^{질점}의 상태는 위치와 운동량^{또는 속도}으로
정해지므로 6차원 공간인 위상공간의 한 점^{상태점}에 대응합니다. 시
간이 지나면서 상태점은 궤적을 그립니다. 진자의 운동궤적을 시계
열과 위상공간으로 표현해 보겠습니다.

　　　　　　시계열은 한 변수의 시간의 흐름에 따른 변화를 나타낸 것입니다.
위상공간이란 독립변수를 축으로 하는 공간으로 n개의 독립변수면

n차원의 공간이 됩니다. 3차원 이상의 경우 기이한 끌개가 나타납니다. 끌개란 한 특정 계수 값에 대한 체제의 변화를 나타내 주는 것입니다. 자연체제에서 규명된 끌개의 존재는 사회체제에 많은 시사점을 주고 있습니다.

개인의 행태는 변화무쌍하여 예측불가능하다고 여겨지지만 일정한 행동을 하도록 유도해 주는 끌개가 존재할 것입니다. 끌개는 한 특정 계수 값에 대한 체제의 변화만을 보여주나, 분기도란 계수 값이 변할 경우 각 계수 값에 대한 체제의 변화를 보여줍니다. 즉 여러 개의 끌개를 갖는 체제의 변화입니다.

마찰이 없는 보존체제의 경우, 진자가 회전을 시작할 때 속력은 제로$^{(0)}$고, 위치는 중심에서 왼쪽편인 음수값$^{(-)}$을 지닙니다. 진자가 위치가 제로를 지나는 순간 속력은 최고값을 나타냅니다. 진자가 오른쪽으로 향하면 속력은 감소하다가 제로$^{(0)}$를 나타내고, 위치는 중심에서 오른쪽편인 양수값$^{(+)}$을 나타냅니다. 진자가 운동방향을 바꿔 오른쪽에서 왼쪽으로 향하면 위상공간의 X축 하단부의 궤적을 지니게 됩니다. 즉, 원모양의 끌개를 보입니다.

39 — 사회에 있어서의 위상전이란?

통달스님　사회에 있어서의 위상전이 phase transition 란 무엇입니까?

최창현 박사　하나의 조직이 발전하면, 필연적으로 계층구조가 발생하는데 인류는 끊임없이 '가족 → 마을 → 부족사회 → 국가조직'의 계층구조를 만들어 왔습니다. 기업의 확대도 마찬가지이지요.

그런데 피라미드형으로 구성된 명령계통만으로도 조직의 운용이 용이했던 마을이나 소기업 같은 작은 규모의 조직이, 국가나 대기업으로 거대화됨에 따라 복잡한 환경에 대응할 만한 새로운 조직체계가 필요하게 되었습니다.

흔히 듣는 구조조정 restrucuring 이라는 말은 우리 사회에 '요동'과 '위상전이'가 수시로 발생하고 있음을 실감케 해주는 말입니다.

즉, 여러 조직 또는 사회가 요동과 위상전이를 통해 새로운 조직 체계로의 편성을 꾀하고 있다는 것입니다.

| 통달스님 | 요동, 위상전이는 본래 물리학적 현상에 대한 개념이었으나 지금은 사회, 경제… 등 여러 분야에 적용되어 쓰이고 있군요. |

통달스님　요동, 위상전이는 본래 물리학적 현상에 대한 개념이었으나 지금은 사회, 경제… 등 여러 분야에 적용되어 쓰이고 있군요.

최창현 박사　그렇습니다. 한때 효과적이던 구조가 경직화되고 조직에 동맥경화 현상이 발생하면 조직은 구조변화^{위상전이}를 시도하게 됩니다. 이때 여러 차례의 시행착오는 피할 수 없는 과정입니다.

여기서의 시행착오가 곧 요동이지요. 그런데 요동을 자주 겪은 조직은 혼돈^{카오스}의 늪에 빠지기 쉽습니다. 그 제도가 잘못임을 인식하면서도 대처해 나갈 새로운 조직을 미처 구성하지 못했기 때문입니다.

이런 무질서 가운데서 '카오스의 가장자리'에 도달되면 새로운 조직이 창출되는데, 이때에는 구제도의 계층구조가 파괴되어 정보교환이 원만하게 이루어지는 조직으로 변화하게 됩니다.

통달스님　그것이 곧 위상전이라는 뜻이군요.

최창현 박사　맞습니다. 마치 얼음에서 물로의 변화과정과도 같습니다.

통달스님　조직이든 생명체든 그것이 변화하는 환경에 제대로 적응해 나가기 위해서는 적절한 요동과 위상전이가 반드시 필요하겠다는 생각이 듭니다. 적절한 요동과 위상전이가 없다면 '고인 물은 썩는다'라는 말처럼 조직은 쇠퇴하고 마침내 스스로 무너지고 말테니까요.

최창현 박사　그렇습니다. 록인^{lock-in}의 예를 한번 살펴보겠습니다. 왜 시계는 모두 오른쪽으로만 돌아야 합니까? 그 반대 방향으로 돌아도 아무 상관이 없을 텐데 말입니다. 실제로 시계가 처음 발명된 무렵에는 왼쪽으로 돌아가는 시계도 제작되었다고 합니다.

　신과학 복잡계 이야기

그런데 언젠가 오른쪽으로 돌아가는 시계가 록인된 후로는 디지털 시계가 사용되는 오늘날까지 계속 같은 구조의 시계가 생산되고 있는 것입니다. 과학기술상의 발명에는 그런 예가 하나둘이 아닙니다.

원자력발전소의 경수로 건설 문제만 해도 그렇습니다. 원자력발전소가 처음 세워졌을 당시에는 경수로나 중수로나 어느 쪽이든지 상관이 없다는 입장이었습니다. 오히려 기술적으로는 중수로가 우수했었지요.

그런데 소련이 미국에 앞서 인공위성 발사에 성공하자 당시 미국의 아이젠하워 대통령은 미국의 체면을 지키기 위해서는 어떤 일이 있어도 원자력 발전에서만큼은 소련을 앞질러야 한다고 몹시 초조해했습니다.

때마침 미국의 잠수함은 경수로를 동력원으로 사용하고 있었는데, 이 우연한 사실이 원자력 발전에 경수로를 사용하게 되는 계기가 되었습니다. 이 우연성이 그 후 원자로의 발전 방향을 뒤집어 놓았던 것입니다.

통달스님 즉 원자로가 경수로형으로 록인되어 버린 것이군요.

최창현 박사 그러나 록인되지 않은 제품으로 인해 당황할 때가 있습니다. 영국과 일본에서는 자동차 핸들이 오른편에 붙어 있고 우측통행을 하는데, 한국이나 미국에서는 자동차의 핸들이 왼편에 있으며 좌측통행 얼마전부터 한국은 우측통행으로 바뀜을 하기 때문에 처음으로 일본이나 영국에 간 한국인은 당혹스러워지는 것입니다.

앞으로 국제화·세계화가 진행된다 해도 이 제도는 좀처럼 바뀌지 않을 것 같습니다. 일단 록인된 것이니까요. 복잡계 이론에서는 록인이론과 관련되어 '창발'의 개념이 자주 인용되고 있습니다.

'창발'의 개념은 다윈의 고전적 적자생존의 진화론을 거부하며, 우리가 새로운 안목을 가질 수 있도록 도울 것입니다.

40— 프랙탈이란 무엇인가?

통달스님 철저히 '조각난' 도형을 프랙탈^{fractal} 이라고 한다던데 프랙탈에 대해서 자세히 알고 싶습니다.

최창현 박사 '프랙탈'이라는 용어는 만델브로트가 1975년 그의 책 제목을 생각하던 중 라틴어의 부서진다는 의미의 동사 '프란게리^{frangere}'의 형용사형인 '프락투스^{fractus}'라는 낱말을 참조하여 만들어진 단어입니다. fractus라는 단어처럼 어떤 물질을 부셔도 전체의 모습을 유지하고 있다는 의미일 것입니다.

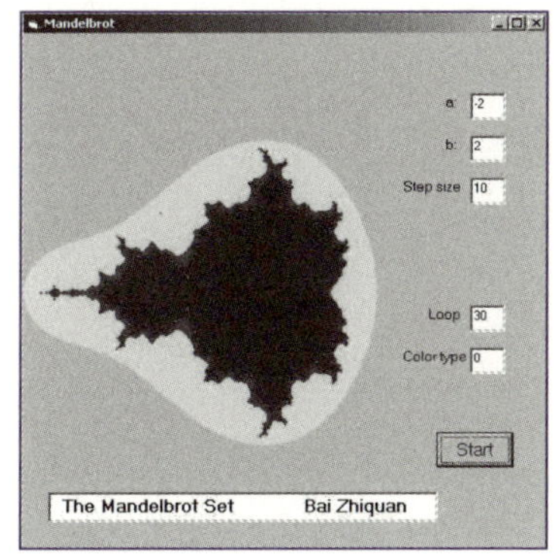

통달스님 프랙탈 도형의 두드러진 특징은 자기닮음성과 무한히 확대를 해도 도형의 세부적인 것이 없어

지지 않는다는 점이라고 하더군요.

최창현 박사 그렇습니다. 프랙탈이론은 나무나 혈관의 가지, 해안선과 산, 그리고 구름의 울퉁불퉁한 모양, 양치식물의 잎이나 꽃양배추의 모양처럼, 통상 유클리드 기하학에서는 다루지 않았던 자연계의 복잡한 자기유사적 도형부분을 확대하면 전체와 같은 구조가 나타나는 도형을 연구대상으로 삼습니다.

이러한 자기유사적 도형은 일반적으로 1차원, 2차원, 3차원 등과 같은 정수 차원이 아니라, 예를 들어 1.4차원이라든가 2.7차원 등의 비정수적 차원을 '프랙탈 차원'이라고 합니다. 칸토어의 집합의 차원은 0.6309 정확하게 말하자면 log2/log3 차원입니다. 이것은 한 개의 점으로 이루어진 칸토어 집합이 0차원의 점보다는 크고, 1차원의 선분보다는 차원이 작다는 의미입니다. 많은 기묘한 끌개의 기하학 구조는 프랙탈적이고, 따라서 마찬가지로 프랙탈 차원에 의해 특정 지워지는 것입니다.

통달스님 프랙탈은 구조와 불규칙성을 같이 가질 수 있다고 하던데….

최창현 박사 그렇습니다. 프랙탈은 구면이나 삼각형이나 직선과 같은 기하 도형들과는 다른 성질을 가지고 있습니다. 유클리드 기하학의 세계에서는 정수로 표시되는 차원을 가집니다.

구면이나 정육면체나 그 밖의 입체들은 3차원이고, 정사각형이나 삼각형은 2차원이며, 직선과 곡선은 1차원이고, 점들은 0차원입니다. 그러나 프랙탈은 얼마나 많이 구부러져 있는가에 따라 1차원과 2차원 사이의 어느 차원이 될 수 있습니다. 곡선이 직선과 유사할

수록 더 매끄럽고 프랙탈 차원은 1에 가까워집니다. 거칠게 갈짓자로 움직이면서 거의 평면을 채워가는 곡선은 2차원에 가까운 프랙탈 차원을 가집니다.

프랙탈 차원이 높아질수록 훨씬 더 복잡해지고 거칠어집니다. 그렇지만 프랙탈 차원은 그 프랙탈이 속해 있는 도형의 유클리드 차원보다 결코 크지 않습니다. 일반적으로 프랙탈은 정수 차원 사이의 공간을 채우고 있습니다.

칸토어가 직선에 포함된 점과 평면 속의 점의 개수농도가 같다는 선언을 하면서 차원의 개념에 대한 재검토가 시작되었으며, 몇몇의 수학자들은 이 괴상한 도형들을 진지하게 받아들여 자세하게 연구하였습니다. 프랙탈은 미세한 구조로 스스로를 복제해 나가는 기하학적 도형이며, 카오스의 본질은 전적으로 결정론적임에도 외면적으로는 임의적인 것처럼 보이는 현상을 가리키고 있습니다.

통달스님 카오스 운동이 위상공간에서 전형적인 프랙탈 구조를 갖기 때문에 프랙탈은 카오스 운동의 기하학적 측면이라고도 한다더군요. 프랙탈은 어떤 특성을 가지고 있습니까?

최창현 박사 프랙탈은 다음과 같은 네 가지의 특성이 있습니다.

첫째, 전체와 부분이 유사한 형태를 가집니다. 자기유사성은 어느 부분을 확대하여도 전체의 모양과 닮았습니다. 부분 속에 전체가 들어있는 구조로 부분이 전체를 반영하는 반복 구조를 의미합니다.

둘째, 프랙탈은 비규칙적, 비대칭적 구조입니다. 삼각형, 사각형, 원, 구 등과 같이 전통적인 기하학의 형태는 확대하면 그 구조가 사라집니다.

하지만 프랙탈은 확대, 축소하더라도 단순해지지 않으며, 비규칙성의 정도가 계속 발생되는 자기유사성을 나타냅니다. 만델브로트에 의하면 '시어핀스키 개스킷'이나 '코흐곡선'은 모든 부분이 전체와 정확히 일치하기 때문에 선형적인 자기유사나 대칭구조를 갖는다고 하였습니다. 그러나 프랙탈은 엄격한 자기유사나 단조로운 반복이 아니며 완전한 동일성이 해체된 비동일적인 카오스의 세계를 나타냅니다.

셋째, 프랙탈은 규칙성/비규칙성, 단순성/복잡성, 다양성/일관성 등의 대조적인 특성들이 상호보완적으로 공존하고 있습니다. 따라서 프랙탈의 형성 매카니즘은 복잡하고 비규칙적인 형상일지라도 단순한 반복규칙에 기초합니다.

넷째, 위상공간에 나타나는 어트랙터는 프랙탈 특성을 갖습니다. '끌어당긴다'라는 뜻의 어트랙터 attractor 는 복잡한 영역 안에서 중심이 되는 운동의 한정된 영역을 가리킵니다. 특히 기상학적 모델에서 발견된 '로렌츠 어트랙터'는 카오스의 기하학적 형상으로 조직화된 무질서를 보여줍니다.

:: 칸토어 집합과 프랙탈

1. 20세기에 들어 새로이 발견한 수학 분야 중 프랙탈 기하학이 있다. 이것은 외견상 불규칙하고 확실한 경계가 나타나지 않는, 그러면서 일부분을 확대해 볼 때 전체와 닮은 모습이 반복되어 나타나

          신과학 복잡계 이야기

는 도형을 연구하는 것
이다.

칸토어 집합은 프랙탈
도형의 예 중 하나가 된
다. 칸토어는 본디 산술
적인 개념으로 칸토어
집합을 생각하였음에도
오늘날에는 기하학적인

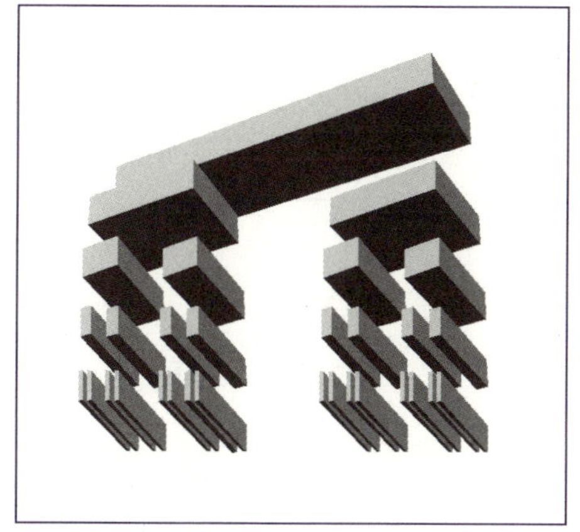

설명을 좀 더 흔하게 볼 수 있는 것도 칸토어 집합이 프랙탈 기하학
에서 자주 예로 드는 대상이기 때문이다.

칸토어 집합에서, 맨 처음 가운데 구간을 제거하고 남은 오른쪽 구
간에 해당하는 부분을 3배로 확대하면 원래의 칸토어 집합과 같은
모양이 나온다. 또 다시 거기서 오른쪽 부분을 3배로 확대하고, 또
다시 그 중 반쪽을 3배로 확대하고……, 계속 같은 모양이 반복됨
을 알 수 있다.

2. 칸토어 집합은 0과 1사이의 실수로 이루어진 놀라운 성질을 가
진 집합이다. 칸토어 집합을 만드는 방법은 다음과 같다. 우선 구간
[0.1]을 택하고, 그 중에서 '가운데' 구간 [1/3, 2/3]을 뺀다. 그리
고 남아있는 구간들의 합집합 [0, 1/3]∪[2/3, 1]에서 다시 각각의
'가운데' 구간을 뺀다. 이런 과정을 무한히 반복하고 남는 집합을
'칸토어 집합'이라고 한다.

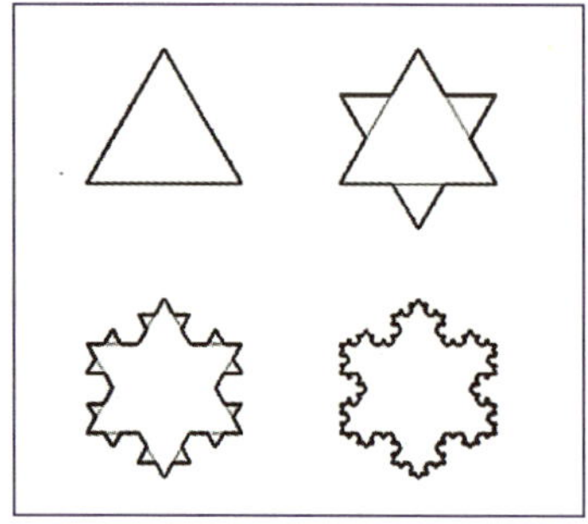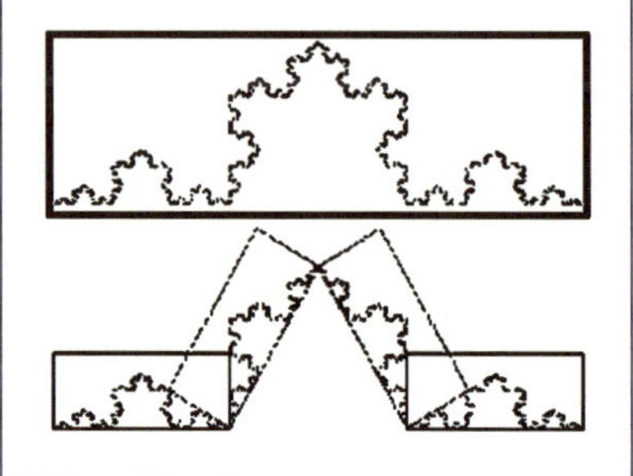

코흐곡선은 자신을 닮은 네 개의 부분으로 이루어져 있음을 보게 된다. 즉, 위의 사각형 중에 하나를 택해 확대경으로 정확히 3배를 확대하여 보면 그 부분은 전체 모습과 똑같아진다. 뿐만 아니라 코흐곡선을 이루고 있는 임의의 한 부분을 떼어 크게 확대하여도 본래의 코흐곡선 모습을 얻을 수 있다. 이러한 전체와 부분 사이의 통일된 관계는 유클리드 기하의 세계에서는 볼 수 없었던 것이다.

이 도형은 둘레 길이는 무한히 늘어나면서 일정한 공간 처음 삼각형에 외접하는 원은 벗어나지 않는다. 물론 서로 교차하지도 않는다. 각 변의 길이가 1인 삼각형에서 각 변의 중앙에 한 변의 길이가 1/3인 새 삼각형을 붙이고 밑변은 제거한 변의 길이의 합은 3×4/3×4/3……으로 되어 무한대가 된다.

3. 한마디로 유한한 면적 내에 무한한 길이가 포함돼 있는 것이다. 여기서 프랙탈 차원의 유용성이 다시 한 번 드러난다. 면적은 2차원이고 길이는 1차원이다. 코흐곡선은 무한한 길이 매번 4/3배씩 증가 이기 때

신과학 복잡계 이야기

문에 1차원은 넘어선 것이고 유한한 공간이기 때문에 2차원을 넘어 서지 못하는 1.2618^{이 수치한 위의 칸토어가 집합 계산과 동일한 방법을 사용 이} 란 차원이 가능한 것이다. 대동맥에서 실핏줄에 이르는 혈관은 아주 미세할 때까지 갈라지고 또 갈라진다. 그것을 길이로 따지면 엄청난 길이를 가질 것이다. 그러나 핏줄이 차지하는 공간은 아주 작다.

마치 코흐곡선에서 유한한 공간에 무한한 길이를 제한된 부피 내에 밀어 넣는 것과 유사하다. 따라서 혈관의 갈라짐은 프랙탈적 성격 을 갖는다고 할 수 있다. 프랙탈 기하학은 지표면의 울퉁불퉁한 정 도를 표현하는데 강력한 도구가 될 수도 있으며, 금속학자들이 여 러 종류의 금속 표면에서 금속과 관련된 정보를 얻는 수단이 될 수 도 있다.

듀폰사가 인공 거위털을 합성한 이유는 천연 거위털의 뛰어난 공기 함유 능력이 주요 단백질인 케라틴의 프랙탈한 분지에서 생긴다는 것을 알았기 때문이다.

또한 프랙탈 이론은 자연계의 복잡한 풍경을 실물과 똑같이 묘사해 내는 컴퓨터그래픽에서도 응용되고, 영화의 배경화면 제작에도 응 용된다.

【 그림 참조 】 시어핀스키 삼각형

그림과 같이 각 변의 중점을 이어 정삼각형을 네 등분하고 가운데 삼각형은 버린다. 칸토어 집합을 얻는 것과 같은 방법으로 나머지 세 개의 삼각형 각각에 대해 같은 작업을 한다. 이런 작업을 반복적으로 하고 난 뒤 얻어지는 도형이 시어핀스키 삼각형이다. 시어핀스키 삼각형의 차원은 r=2, N=3이므로 D=(log의 3승)/(log의 2승)=1.58 차원이 된다.

최창현 박사 프랑스의 수학자인 만델브로트는 1967년 영국에서 발행되는 과학 잡지인 '사이언스'에 〈영국을 둘러싸고 있는 해안선의 총 길이는 얼마인가〉라는 제목의 글을 발표했습니다.

간단하게 생각하면 바보스런 질문 같은데 이 글에서 만델브로트는 영국의 해안선 길이는 어떤 자로 재느냐에 따라 얼마든지 달라질 수 있다고 주장했습니다.

1m 단위의 자로 재었을 때와 1cm 단위의 자로 재었을 때는 둘레의 길이가 엄청난 차이가 날 것이라는 겁니다. 당시 큰 관심을 가지고 있지 않던 과학자들도 이후 만델브로트가 프랙탈이론의 선구자로 알려진 후에는 여러 과학자들이 해묵은 '사이언스'지를 뒤적거렸다는 우스운 이야기도 전해지고 있습니다.

통달스님 무엇이든 처음부터 인정받기는 어려운 것 같습니다.

최창현 박사 그렇지요. '프랙탈'이라는 용어는 만델브로트가 IBM에서 연구원으로 근무하던 중, 자신이 연구하던 것들을 책으로 출간하기 위해 책의 제목을 생각하다가 라틴어의 fractus라는 낱말을 발견하여

FRACTAL이라는 용어를 만들었다는 설도 있고, 프랙탈 기하학이 정수가 아닌 분수Fractional 차원을 가진다는 의미에서 FRACTAL이라는 용어를 만들었다는 설도 있습니다. 프랙탈의 속성은 자기 유사성과 순환성이라는 특징을 가지고 있습니다. 삼라만상이 들어 있을 것만 같은 만델브로트 집합이나 줄리아 집합 뒤에는 $z = z2 + c$ 라는 간단한 수식에서 출발합니다.

만델브로트 집합
$z = 0$(단, zn 은 복소수)
$zn + 1 = zn2 + c$

41— 프랙탈은 예술에 어떻게 적용되고 있나?

통달스님　프랙탈이 다른 분야에도 다양하게 적용되고 있는 것 같은데 예술분야에는 어떻게 적용되고 있습니까?

최창현 박사　그렇습니다. 거의 모든 학문 분야로 빠르게 확산되고 있는데 그중에서도 예술가들에게 큰 영향을 주고 있습니다.

통달스님　예술가들과 철저히 깨어진 조각들의 접목이라… 어떤 작품들이 탄생할지 궁금합니다.

최창현 박사　혼돈이론에 처음 주목한 사람은 앙리 푸앙카레였습니다. 특히 초기 조건의 민감성에 주목하였던 앙리 푸앙카레는 과학자가 자연을 연구하는 이유는 그것이 아름답기 때문이라고 했습니다.

과학자들이 미학적 관점에서 예술가들과 큰 차이를 보이는 것은 예술가들에게서도 마찬가지입니다. 예를 들어 추상화가인 몬드리안과 폴락의 미술이 대표적이라 할 수 있습니다.

통달스님　그들을 프랙탈 예술가의 대표라고 할 수 있겠군요.

최창현 박사　칸딘스키, 몬드리안으로 대표되는 20세기 초 추상화가들은 원이나 사각형과 같은 기하학적 도형들로 이뤄진 구성 작품들을 그렸습니다. 그들은 세계가 결국 그런 간단한 도형들로 이루어져 있다고 믿었기 때문이었습니다. 21세기의 문턱에서 우리는 세상을 구성하고 있는 도형이 프랙탈이란 새로운 사실을 알게 되었습니다.

자연의 선은 자를 대고 그린 순수기하학적인 것이 결코 아닙니다. 산호섬, 협곡, 숲, 구름, 파도, 우주 성운 등 프랙탈 기하학이 실제 우리가 살고 있는 세계를 훨씬 더 생생하게 표현할 수 있습니다.

세부구조가 전체구조를 끊임없이 반복하는 프랙탈 패턴이 만들어 내는 형상은 믿기 어려울 정도로 화려하고 환상적이면서 또한 그 형상은 자연과 우주의 다양한 모습을 묘사해 줍니다.

전혀 어울릴 것 같지 않은 예술과 과학이 맞닿아 있는 지점이 바로 프랙탈 예술Fractal Art입니다. 과학은 사람들에게 세상을 바라보는 새로운 시각을 제공하고 예술가들은 그것을 창조적으로 재해석 해냄으로써 시대정신을 그려내는 것입니다.

따라서 프랙탈 예술이란 C4. 즉 카오스Chaos, 컴퓨터Computer, 창조성Creativity, 의사소통Communication에 의한 창조적인 예술 활동을 지칭합니다.

42 — 프랙탈의 예술가 몬드리안과 폴락

통달스님 미술교과서에 실린 몬드리안의 그림은 수직선과 수평선 그리고 원색의 빨강 파랑 노랑으로 이루어진 수많은 네모들로 이루어져 있던, 이해할 수 없는 그림들로 기억하고 있습니다.

최창현 박사 네덜란드 출신의 화가 몬드리안은 추상미술의 대표작가입니다. 스님의 기억처럼 수많은 원색의 네모들로 이루어진 그의 그림은 절제되고 명료한 회화를 열망했고 그것을 기하학적 추상화로 나타냈습니다. 그에게 색을 섞는다는 것은 죄악이었습니다. 그의 그림은 충분히 매력적이며 예술적인 힘을 지니고 있습니다. 놀라운 것은 그의 그림이 조선시대 우리 여인들이 만든 생활용품인 조각보와 너무나 흡사하다는 것입니다.

통달스님 아하, 정말 그렇군요.

최창현 박사 추상화가 몬드리안은 다음과 같이 말하고 있습니다.

〈법칙에는 만들어진 것과 발견된 것이 있지만 둘 다 법칙이고, 법칙은 언제나 옳다. 법칙은 실재 속에 숨어서 우리를 둘러싸고 있으며 변하지 않는다. 과학과 예술은 실재를 보여준다. 처음에는 이해할 수 없지만 사물의 고유한 상호관계를 통해 실재는 서서히 스스로를 드러낸다〉

미술은 고정된 법칙과 구성을 위한, 그리고 각 부분 간의 관계를 조정하고 지배하는 어떤 내적 법칙이 있음을 깨닫게 해준다고 몬드리안은 술회합니다. 이 법칙은 조화와 균형, 역동적 평형과 진실의 내용을 창조함에 있어서 필요불가결한 것으로 인식되었습니다. [Plastic Art and Pure Plastic Art. in Herbert Henkels, Mondrian Fram Figuration to Abstraction(London,1987)]

【 그림 】 몬드리안

통달스님 과학이나 예술 모두 복잡계의 창발적 특질을 공유한다는 의미이겠군요.

최창현 박사 그렇습니다. 화가는 불변의 자연법칙을 찾아야 합니다. 예술과 과학은 이 불변의 자연법칙을 해명하기 위해 손잡고 매진해야 한다는 것입니다. 불변의 자연법칙을 규명하는 몬드리안의 가장 핵심적인 방법은 원색을 사용하여 수직선과 수평선의 성질을 탐구하는 것이었습니다. 그는 1917년 작품인 〈선의 구성〉과 같은 작품에서 이를 성취했다고 믿었던 것 같습니다.

통달스님 단순해 보이는 선의 성질로 불변의 자연법칙을 규명한다니 참으로 놀랍군요.

최창현 박사 다음의 세 작품에서 작가의 형태에 대한 고심의 흔적을 발견할 수 있는데 〈빨간나무 Trees〉[1912], 〈회색 사과나무 Grey Apple Tree〉[1912], 〈꽃이 핀 사과나무 Flowering Apple Tree〉[1912]에서 점차 대상은 단순해지고, 배경의 처리는 모호해져서 하나로 통일되어가고, 묘사의 기능에서 벗어난 선들이 수직과 수평, 그리고 반원 형태의 호가 합해진 단순한 구성의 조합으로 이루어집니다.

색채는 단색조로 통일되고 선들이 정리되면서 곡선은 차츰 제한된 형태의 반원형으로 또는 아예 생략되면서 수직선의 강한 축 위에 수평선들의 조합이 더해집니다. 선의 수도 점차 줄어들면서 화면 위에는 대상을 상실한 선들의 배열만 남습니다.

| 참조 | **〈그림 : 몬드리안의 빨간나무, 회색나무, 꽃이 핀 사과나무〉**

몬드리안은 1937년 이렇게 말하고 있습니다.

〈비구상 미술은 특정한 형태를 파괴하고 자유로운 선들의 상호 형태와 상호관계의 리듬을 구축하는 시도를 요청하고 있다.〉

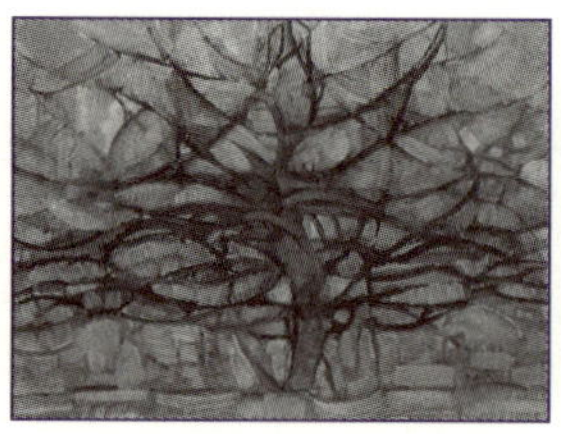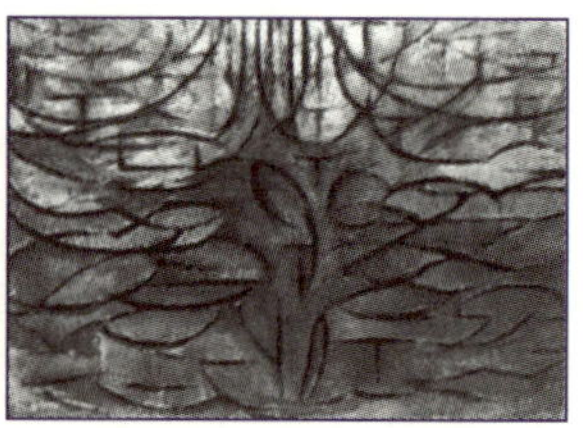

신과학 복잡계 이야기

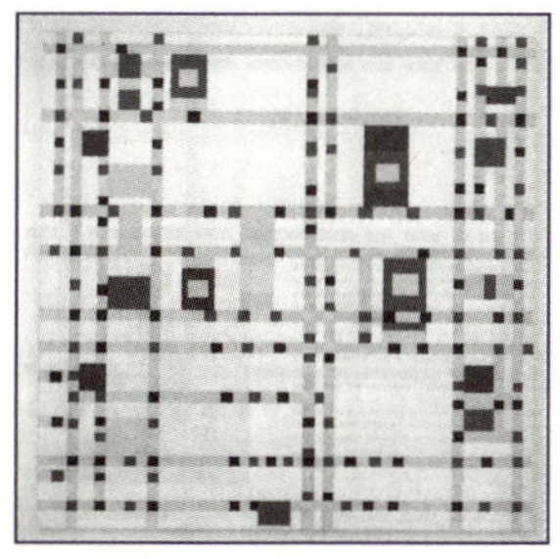

수직선과 수평선만을 고집한 몬드리안
의 작품(CA와 흡사하다)

통달스님 솔직히 말해서 추상화가 접근이 용이한 그림은 아닌데 박사님의 설
명을 들으며 몬드리안의 나무가 가진 선들의 변화를 보니 조금은
이해가 되는 듯 싶습니다. 특정한 형태를 파괴하는 예술과 기존조
직을 파괴하는 행태들이나 모두가 요동을 통해 창발성을 유도하는
복잡계의 맥락이군요.

최창현 박사 그렇습니다. 저도 복잡계 공부를 하면서 그림공부를 조금 하게 되

었는데 새로운 세계를 만난 기분입니다.

통달스님 그래서 배움이라는 건 늘 우리를 설레게 하는가 봅니다.

최창현 박사 다음은 폴락에 대해서 말씀드리겠습니다. 몬드리안은 지각의 세계를 제거하고 싶어했지만 폴락은 처음부터 지각세계를 뒤로하고 느낌으로 그리려 했습니다. 폴락은 몬드리안과는 아주 다르게 1951년에 만든 자전적 영화의 해설에서 다음과 같이 말하고 있습니다.

〈내 그림은 직접적이다. 그리는 방법은 필요에 의해 자연스럽게 발전했다. 나는 느낌을 설명하기보다는 표현하고 싶다.〉

그는 1930년대 무렵부터 표현주의를 거쳐 추상화로 전향하였으며, 구겐하임 부인과 비평가 그린버그의 후원을 받아 격렬한 필치를 거듭하는 추상화를 창출하였습니다. 특히 1947년에는 마루에 펼쳐놓은 캔버스에 올라가 공업용 페인트를 떨어뜨리거나 

튀겨서 전신동작과 행위의 궤적에 따라 그림을 완성하는 독자적 화법으로 큰 반향을 불러일으켰습니다. 이것은 화가 자신의 몸동작이나 행동의 흔적이 선으로서 화면 가득히 채워져 이미지를 발생시킴과 동시에 화가의 다이내믹한 제작행위를 직접 화폭에 기록하는 것이었으므로 〈액션 페인팅〉이라고 불리게 되었습니다.

액션 페인팅은 캔버스에 점착성 안료를 떨어뜨리거나 뿌리는 따위

의 즉흥적인 행동을 통하여 그
린다는 행위 자체를 직접적으
로 표현하려고 한 것으로서,
묘사된 결과보다도 작품을 제
작하는 행위과정에서 예술적 가

치를 찾으려는 기법입니다. 1951~1952년에는 거의 흑·백만 사
용하여 그림을 그리는 등 다양한 화법을 구사하여 끊임없는 실험정
신을 보여주었습니다.

폴락은 맨해튼에서 생활할 때보다 롱아일랜드에 있는 집에서 지낼
당시 자연의 복잡한 패턴에 둘러싸여 영감을 얻어 쪽거리 기하학적
뿌리기 기법을 애용했습니다.

다음 그림은 잭슨 폴락의 집에 있는 나무의 프랙탈 구조를 보여주

【 그림 】 잭슨 폴락의 집에 있는 나무의 프랙탈 구조　　　**【 그림 】** 자연과 폴락의 작품

고 있습니다. 나무의 일부분을 확대해 보면 전체와 유사한 자기유사성을 띠고 있고 이러한 구조를 쪽거리구조라고 합니다.

앞 그림의 수평선은 D=1 nonfractal, 우측 중간 구름 형태의 작품 무제[1945]는 D=1.3, 우측 하단의 나무 그림 작품 무제[1950] 는 D=1.9입니다. 만일 D가 0이라면 점, D가 2라면 사각형 등의 면입니다. 1944년부터 1954년까지 10년간 폴락의 작품을 분석해 보면 쪽거리차원이 거의 S형 곡선 s-shaped curve 입니다.

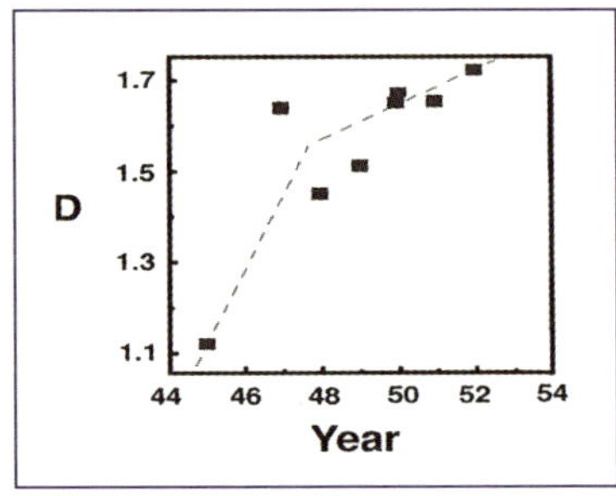

【 그림 】 라벤더 미스트, 1950

【 표 】 다양한 자연의 쪽거리 차원

Natural pattern	Fractal dimension	Source
해안선 Coastlines:	1.05–1.25 1.52	Mandelbrot Feder
우주 Calaxies(modelled)	1.23	Manderbrot
나무 Woody plants and trees	1.28–1.90	Morse et al.
파도 Waves	1.3	Werner
구름 Clouds	1.3–1.33	Lovejoy
눈 Snowflakes(modelled)	1.7	nittman et al.
망막혈관 Retinal blood vessels	1.7	Family et al.
박테리아 성장 패턴 Bacteria growth pattern	1.7	Matsushita et al.
전기방전 Electrical discharges	1.75	Niemyer et al.
미네랄 Mineral patterns	1.78	Chopard et al.
동맥	2.7	Mandelbrot
캔토집합 Cantor Set	0.6309	
코흐곡선 Koch Curve	1.2618	
Sierpinski 삼각형	1.58	

43 — 연결망이란 무엇인가?

최창현 박사 연결망 분석 network analysis 은 사회적 현상을 한 행위자나 조직을 단위로 분석하기보다는 이들 간에 맺어지는 관계로부터 파생되는 출현적 속성을 강조하고, 그에 따라 관계의 양상을 분석한다는 점에서 행위자 중심, 혹은 변수 중심의 접근법과는 구별됩니다.

특히 많은 사회학자들이 주지하는 바와 같이 거시적 사회현상에 대한 이해방법과 미시적 과정에 대한 이해방법 사이에는 메우기 힘든 간격이 존재해온 것으로 이해할 수 있는 바, 연결망 분석은 거시적 사회현상과 미시적 사회현상을 연계하여 다양한 분석수준 간의 연계구조를 이해하고 분석하는 데 유용한 틀로 활용할 수 있습니다.

통달스님 연결망이라 함은 일종의 인맥이나 관계를 말함이겠군요? 그렇다면 내가 원하는 특정인에 접근하기 위해서는 연결망을 제대로 이해하고 분석해야만 접근이 용이하겠지요?

최창현 박사 그렇습니다. 기존의 사회과학적 연구들은 변수중심의 분석 틀을 유지해 왔습니다. 변수중심의 접근법은 개별 행위자들이 어떤 의견을 지니는지, 혹은 어떤 행위를 하는지, 또는 그들의 의견이나 행위가 전체 사회구조에 어떤 영향을 미치며, 동시에 사회구조로부터 어떤 영향을 받는지 등의 문제에 접근하기 위해, 개별행위자들의 제반 속성- 예를 들자면 성, 수입, 교육수준, 종교 등 또는 이 속성들의 전체 분포를 살피고, 이 속성들이 설명대상과 맺는 상관관계에 대해 탐구하는 것을 기본적인 전략으로 합니다.

그러나 사회연결망 분석은 행위자의 정체성이나 의견, 행위 그리고 그들의 기본적 속성까지도 개별행위자들 간의 관계에 의해 결정된다는 기본적 가정을 가지고 있습니다.

통달스님 사회적 연결망은 개인들 사이의 신뢰의 관계망이라고도 할 수 있겠군요.

최창현 박사 그렇습니다. 사회적 연결망 분석은 어떤 현상의 실체를 파악하는 작업이 개인들의 속성을 규명하는 데에 그쳐서는 안 되고 여러 개인들 사이의 관계 속에서 표출되는 발현적 속성을 포착해야 한다는 생각에서 출발합니다. 즉, 한 사회의 집합의식은 개별 행위자의 의식의 단순한 합이 아니라 그 이상의 실체를 가지며, 사회구조는 행위자에게 일방적으로 영향력을 행사하는 것이 아니라, 행위자들의 상호관계에 의한 발현적 속성을 내포한다는 것입니다.

따라서 개인들의 상호작용은 체계의 발현적 속성에 의해 의도되지 않은 결과를 낳을 수 있습니다. 이재열, 1996; 김용학, 1995; coleman, 1990

신과학 복잡계 이야기

통달스님 저의 소견으로는 인간관계 즉, 양질의 연결망을 가지려면 무엇보다 훌륭한 인성이 가장 기본인 것 같습니다.

최창현 박사 진실성과 진정성을 갖춘 훌륭한 인성이 아주 중요한 덕목이지요.

통달스님 남을 우선적으로 배려하고, 자신을 희생할 줄 알며, 누구든 안아줄 수 있는 넉넉한 품이 있는 사람은 이미 믿음과 사랑의 인맥허브를 형성하고 있다고 생각합니다.

최창현 박사 그것이야말로 아주 이상적인 만남의 순환고리라고 할 수 있습니다. 연결망의 구조적 성격은 가장 기본적으로 연결망의 규모, 연결망 밀도, 그리고 중심성 등에 의해서 설명될 수 있는데, 이러한 지표들은 연결망을 이루는 행위자들의 관계유형을 어떻게 요약하는가에 따라서 달라질 수 있습니다.

다시 말하면 연결망 구조의 분석은, 행위자들 사이에서 형성되는 관계 유형의 공통적인 속성을 중심으로, 전체 행위자들을 몇 개의 집단으로 구분해내고, 이들 하위 집단들 간의 관계를 요약하는 데 동원되는 절차나 방법을 의미합니다.

연결망 분석에 의한 관계 측정은 각 개인 구성원에 내재되어 있는 속성의 단순한 집합에 의해서 측정될 수 없는 사회체계의 발현되는 특징을 포착합니다. 더욱이 그와 같이 발현되는 특징은 체계의 수행능력과 관계망 구성원의 행태에 심각한 영향을 미칠 수도 있습니다.

44— 복잡계가 조직연구에 갖는 함의는 무엇인가?

통달스님   이쯤에서 복잡계에 대한 반복학습 차원으로 한 번 더 짚어보고, 복잡계가 조직연구에 갖는 숨은 뜻은 무엇인지 알려주십시오.

최창현 박사   조직의 많은 문제점들을 해결하기 위한 관리기법들이 유행처럼 나왔고, 지금도 계속 나오고 있습니다. 그러나 집중 근무제, 총체적 품질관리TQM, 기업과정 리엔지니어링BPR 등 무수한 경영기법들이 꽃을 피우기도 전에 식스 시그마six sigma 등 또 다른 경영기법들이 이전의 유행을 밀어내고 새 유행으로 자리 잡는 현상이 반복되어 왔습니다.

즉, 조직관리 기법과 조직이 모두 진화해온 것입니다. 생물이나 사회체제가 서로 경쟁하면서 진화해 나가는 공진화적 복잡계의 적합도지형 위에서 진화하는 과정에서는 붉은 여왕가설Red Queen Hypothesis이 절대적으로 지배합니다. 붉은 여왕가설은 〈거울 나라

신과학 복잡계 이야기

의 앨리스〉에 나오는 것처럼 열심히 뛰어야 진화의 여정에서 겨우 생존할 수 있다는 가설입니다

통달스님　마치 달리던 자전거의 페달을 멈추면 곧 자전거가 쓰러져버리는 현상과 흡사하겠군요.

최창현 박사　그렇습니다. 그러나 여러 경영기법들이 실패한 사례가 많습니다. 복잡계 이론에 따르면 조직의 변화는 자율적 요동을 통해 새로운 질서로 진화할 수 있는 혼돈의 경제, 즉 복잡성의 영역에 조직이 놓여야 하는데, 그렇지 못한 상태에서는 많은 변화의 노력이 별 영향을 미치지 못한다는 것입니다.

비선형순환고리와 나비효과가 나타날 수 있는 비평형 상태로 조직을 위치시켜야 작은 변화나 혁신 등의 노력으로 큰 효과를 낼 수 있다는 것입니다.

45 — 혼돈의 경계(at the Edge of Chaos)에 위치한 복잡계로서의 조직이란 무엇인가?

통달스님 혼돈의 가장자리에 위치한 복잡적응계로서의 조직에 대해서 알고 싶습니다.

최창현 박사 질서와 무질서 상태의 중간 영역에서, 자기조직화가 가장 활발하게 일어납니다. 시스템 내의 구성원들이 새로운 변화를 모색할 수 없을 정도로 지나치게 위축되어 있지도 않고, 또 질서에 수렴할 수 없을 정도로 지나치게 활성화 되어 있지도 않은 상태에서 자기조직화가 극대화된다고 볼 수 있습니다.

통달스님 다양한 형태의 자기조직화가 이루어지는 것이군요.

최창현 박사 그렇습니다. 조직의 유형은 ① 단순구조조직 ② 기계관료제조직 ③ 복잡적응조직, 혼돈조직이나 무작위적조직 등으로 유형화할 수 있습니다.

통달스님 그럼 단순구조조직부터 설명해 주시죠.

신과학 복잡계 이야기

최창현 박사 단순구조는 상대적으로 소규모이고 주로 초창기 조직에서 발견되는데, 일반적으로 복잡하지 않은 기술을 사용합니다.

단순구조는 집권화 된 유기적인 구조라고 할 수 있습니다. 즉 단순하고 동태적인 환경에서 주로 발견할 수 있고, 일반적으로 환경이 적대적이거나 최고관리자가 의사결정을 집권화해야 할 필요가 있을 때 적합한 조직구조입니다. 단순구조를 가진 조직에서는 최고관리자가 조직의 핵심으로 등장하고, 파업은 주로 관리자의 직접감독에 의해 조정됩니다.

통달스님 그렇다면 기계관료제조직은 어떻습니까?

최창현 박사 기계관료제 구조는 전형적으로 단순하고 안정적인 환경 하에서 적절한 조직구조 형태입니다. 기계적 관료제 구조에서는 모든 지원 서비스를 조직 외부로부터 의존하지 않고 가급적 조직 내부에서 완전하게 통제하려 함으로써 작업 흐름을 안정적으로 유지하려고 합니다. 또한 작업의 반복과 표준화가 필요하기 때문에 작업의 양이 충분히 많고 작업의 표준을 정착시킬 수 있는 오래되고 성숙된 조직에서 전형적으로 찾아볼 수 있습니다.

기계적 관료조직은 규제적인 기술체계를 갖는 조직에 적절한 구조 형태입니다. 이러한 조직에서 사용하는 규제적인 기술체계는 제외되게 됩니다. 왜냐하면, 매우 복잡한 자동화 기술의 경우, 전문가들에게 상당한 권력위양이 필요하며 나아가서 이들은 비관료적인 유기적 구조를 요구하기 때문입니다.

통달스님 복잡계 이론의 관점에서 본다면, 기존의 관점과는 달리 안정적이고 응집력이 강한 조직은 오히려 쇠퇴한다고 보지 않습니까?

최창현 박사 복잡적응조직과 관련해서 스테이시stacey, 1996는 비평형상태의 역동적 조직이 창조적이라는 점을 지적했습니다. 스님의 질문처럼 복잡계 이론의 관점에서는 안정적이며 응집력 강한 조직은 오히려 쇠퇴하게 됩니다. 안정적이고 평형상태에 있는 조직에서는 혁신이 일어나지 않기 때문입니다. 반면에 긴장과 역설 그리고 갈등이 공존하는 역동적인 조직은 보다 발전적이고 창조적입니다.

완전한 무질서와 안정 사이의 혼돈상태에 있을 때 조직은 혁신을 위한 토대가 마련된다는 것입니다. 매우 역설적이지요. 그렇지만 혼돈상태 하에서 자기조직성이 발현되어 창조적 조직이 될 수 있는 것입니다. 그러나 이러한 자기조직성의 방향성은 예측할 수는 없으나, 안정되고 예측 가능한 평형상태에서는 창조적 조직화가 불가능하다는 것입니다.

통달스님 혼돈의 경계에서만 자기조직화가 가능하며 적응이 가능하다는 것이군요.

최창현 박사 그렇습니다. 이와 같이 조직이 한 차원 높은 새로운 구조발현의 장이 이루어지기 위해서 조직은 비평형의 영역에 머물러야 합니다.

조직과 환경 간의 평형관계를 유지하려는 것은 조직의 실패를 초래한다는 것입니다. 조직관리자들이 조직의 장점에 안주하여 안정감에 빠지게 될 경우, 조직은 환경과 적응하는 안정적 평형상태로 끌려가고, 조직은 고객이 원하는 것만을 하며 내지 고객의 요구가 변할 때까지 계속 그러한 경향이 있기 때문입니다.

이러한 경우 조직은 혁신성을 잃게 되어 조직관리자들을 환경으로부터 격리시키는 결과를 초래합니다. 이러한 조직은 자연 도태될 수밖에 없는 것입니다.

통달스님 맞는 말씀입니다. 적당한 예가 될지는 모르겠으나 옆집에 동종업종이 생기면 위기를 넘기기 위해 더욱 더 분발하여 더 나은 서비스를 하게 되고, 그러다보면 의외로 장사가 더 잘 되는 경우도 있다고 봅니다. 위기가 오히려 기회가 되는 경우 말입니다.

최창현 박사 그렇습니다. 조직 성공과 혼돈의 영역을 동일시하는 또 다른 이유는 조직 통제의 특질에서 비롯됩니다. 조직통제 시스템은 집권화를 통한 조직통합을 강조하는 안정적 평형상태를 강조합니다.

이러한 조직은 경직화되어 급격한 환경변화에 대처할 수 없게 되어 불안정한 평형상태로 끌려가 결과적으로 조직은 와해되는 것입니다.

46— 복잡계 이론이 국가전략에 적용될 수 있나?

통달스님 복잡계 이론이 국가전략에 적용될 수 있을까요?

최창현 박사 복잡계 이론을 배제한 세계화 시대의 국가생존전략으로서 현상유지, 특히 위기상황에서 그 이전의 안정적 평형상태로 이동하려는 전략은 실패로 귀결될 가능성이 큽니다.

통달스님 그렇다면 복잡계 이론이 그런 문제점을 극복할 수 있겠습니까?

최창현 박사 과거의 성장과 성공사례에 안주해 기존전략을 반복하는 전략은 개인과 조직의 자만이라 할 수 있으며, 나아가 국가 전체의 위기의식 결여로 이어져, 국가는 균형을 잃고 오히려 위기를 악화시킬 수 있습니다.

따라서 예측가능성과 안정성을 특징으로 하는 과거 산업화시대의 국가운영 전략으로는, 모든 면에서 경계가 없어지고 예측불가한 환경변화를 수반하는 미래사회에는 능동적으로 대처할 수 없습니다.

통달스님　그렇다면 미래사회 대처법, 혹은 기존전략의 안이함과 자만을 치료할 수 있는 처방전으로는 무엇이 있을까요?

최창현 박사　앞으로의 국가발전전략은 안정적인 질서회복을 목표로 하는 전통적인 국가전략에서 과감히 탈피해야 합니다. 정부가 배양해야 할 거시변화의 대처력과 국정관리력도 조직 내의 창조적 파괴를 기반으로 한 '자율적 요동'을 핵심으로 해야한다고 봅니다.

자율적 요동이란 조직이나 체제가 위기에 맞닥뜨렸을 때 종전의 안정적 상황으로 돌아가는 데 안주할 것이 아니라, 스스로 안정을 깨는 충격을 줌으로써 능동적으로 새로운 변화를 이끌어낼 수 있다는 것입니다.

통달스님　'새는 알에서 빠져나오려고 몸부림친다. 알은 세계이다. 태어나려는 자는 누구든 자기의 세계를 부숴야 한다.' 갑자기 헤세의 『데미안』에 나오는 명대사가 떠오릅니다.

최창현 박사　그렇습니다. 스스로 알을 깨고 나와야 변화할 수 있는 겁니다. 이런 관점에서 우리의 국가전략도 사회체계의 유연성과 변화적응력, 개방성, 개혁지향성, 지식창출력 등의 강화를 통한 자율적 요동의 극대화에 초점을 맞춰야 합니다.

이 과정에서 정부-시민-시장, 중앙-지방 간의 기성 질서를 뛰어넘는 협치가 중요합니다. 세계화 시대에는 중앙정부 단독으로 국가의 장기적 방향과 결과를 선택하고 계획하며 의도할 수는 없습니다.

통달스님　박사님의 이야기를 듣고 보면 복잡계는 낡고 무거운 과거의 갑옷들을 벗겨내는 미래의 생존도구라고도 할 수 있겠군요.

최창현 박사

미국의 과학평론가 페이겔스는 '복잡계를 지배하는 나라가 21세기 세계의 초강대국이 될 것'이라고 말했습니다. 예측 가능한 미래의 질서정연한 환경변화에 맞는 전략적 계획을 통해 국가를 통합, 조정하기엔 국제질서 등 주변환경이 너무 복잡하다는 것이 이른바 복잡계 이론의 관점입니다.

복잡계 이론은 노벨경제학상 수상자인 에로 등이 1984년 미국 산타페연구소에 모여 시작한 신과학운동으로 이후 사회과학 분야에도 적용되기 시작했습니다.

변화무쌍한 구름의 모습, 계곡에서 흐르는 급류의 움직임, 흔들리는 불꽃, 주식의 급격한 등락, 인터넷과 사회의 거미줄망 등은 매우 불규칙하고 예측하기 어렵고 복잡한 모습을 보여주는데 이런 복잡한 현상에 대한 시스템적 고찰을 국가전략 수립에도 적용할 수 있다는 것입니다.

47 — 격심해지는 국제경쟁에서 생존하기 위해서 조직은 유동적이고 창조적으로 탈바꿈해야 한다는데 그 이유는 무엇인가?

최창현 박사 지금까지 대부분의 서구의 관리자들은 장기적인 성공이, '안정성, 조화, 예측 가능성, 규율 그리고 합의' 이것을 나는 안정적 평형이라고 부르겠습니다에서 비롯된다고 믿었습니다. 이러한 믿음은 성공적인 조직행동으로 전환시킬 수 있는 일반적인 처방책을 요구하게 됩니다.

가장 일반적인 처방책은 조직의 미래 상태에 대한 비전을 형성하고, 그러한 비전을 실현하기 위한 장기적인 계획을 준비하고, 계획에 따른 성취 정도를 감독하고, 조직구성원들을 설득하여 똑같은 조직 문화를 공유하도록 하며, 의사 결정에 있어서의 광범위한 참여와 합의를 조장하고, 최고 관리자들이 조직의 방향을 설정하고 통제할 수 있는 통제체제를 확립하려는 것입니다.

이러한 처방책을 초래하는 사고의 틀을 의심하는 관리자들은 지금

까지 거의 없습니다. 결국 이러한 사고의 틀은 전통적인 과학교육
으로부터 비롯되고 수많은 조직관리에 대한 교과서와 관리개발 프
로그램의 근본이 됩니다.

통달스님　전통적인 주류 관리 문헌에 의해 뒷받침 되어온 이러한 근본적인
사고의 틀은 이제 잘못된 것이라고 할 수 있겠는데요.

최창현 박사　그렇습니다. 그 결과는 너무도 심각합니다. 안정성에 너무 집착하다
보니 관리자는 반복과 모방전략에 국한되고 맙니다. 즉, 관리자는
조직의 과거를 반복하거나 다른 조직을 모방하기만 하는 것입니다.

통달스님　만일 관리자들이 걱정에 대한 방어수단으로써, 안정성을 활용하는
이러한 사고의 틀에서 벗어날 수 있다면, 창조성을 실현할 수 있는
잠재력을 열어 나갈 수 있을 텐데 말입니다.

최창현 박사　그러나 그렇게 하기 위해서 관리자는, 조직의 미래의 방향이 미리
알 수 없는 것이라는 사실을 받아들여야만 합니다. 이는 어느 누구
도 미래의 방향을 통제할 수 없고, 차라리 그 방향은 조직 구성원들
간의 자발적이고도 자기조직화적인 상호작용을 통해서 발생된다는
것을 알아야 합니다.

전략적 방향을 설정하는 과정이 저절로 발생하도록 하는 것은 흥미
진진한 일이긴 하나 앞을 예측하기 어려운 발견의 긴 항해일 것입
니다. 이 항해는 안전하지도 예측되지도 않은 긴 여행일테니까요.

통달스님　사실 조직의 성공은 폭발적 불안정성으로 가는 것이지요. 따라서
그것은 안정적 평형을 선택하는 것이 아니라, 제한적 불안정성이라
고 하는 제3의 조건을 선택하는 것이고, 또한 그것으로부터 성공요

　　　　　　　　　　　　　　　　　신과학 복잡계 이야기

인이 발생한다고 들었습니다.

이러한 제3의 상태를 이해하는 관리자는 반복과 모방이라는 낡은 구습의 패턴에 얽매이지 않는다고 하던 걸요.

최창현 박사 왜, 그럴까요? 그것은 최근의 과학적 발견에 의하면 안정적 평형은 복잡한 체제를 이해하기 위한 유용한 분석틀이 아니라고 합니다. 이러한 발견이 시사하는 바는 자연체제에서 발견되는 끊임없는 창조성은 인지 가능한 패턴 내의 특수한 유형의 불안정성을 발생시키는 안정적 법칙에 의해 추진된다는 것입니다.

자연은 다양성을 발생시키고 새로운 방향을 발전시키기 위해 이러한 제한적 불안정성을 적극적으로 활용한다는 것입니다. 따라서 자연에 있어서 성공은 안정성과 불안정성, 이 양자를 포함하는 어쩌면 도박같은 것입니다. 인간도 마찬가지고요.

48 — 차세대 DVD포맷 블루레이(Blu-ray) 대 HD-DVD: 누가 이길 것인가?

최창현 박사　창조적인 관리자들은 소비자 요구의 사소한 차이점을 빨리 포착하고, 그 차이점을 증폭시켜 나갑니다. 그 다음 고객의 수요를 만족시키기 위해 제품의 생산을 통제할 품질관리와 원가관리. 즉, 편차상쇄 순환고리를 활용합니다.

통달스님　조직과 고객 간의 순환고리를 말씀하시는군요.

최창현 박사　네, 조직과 고객 간의 순환고리 이외에도 조직의 산출물에 대한 수요를 결정하는 중요한 순환고리입니다. 즉, 고객의 과거 반응이 현재 반응에 고려된다고 할 수 있습니다.

예를 들면 고객은 세탁기에 대한 일정한 요구사항이 있습니다. 오늘 현재 사람들이 반응세탁기를 사면 살수록 앞으로는 수요가 점점 줄어들 것입니다. 오늘 구입한 세탁기가 망가질 때까지는 따라서 현재 수요는 미래 수요로 환류되는 것입니다.

소비자의 입장에서 보면 다른 사람들이 어떤 제품을 사용하기 때문에 그 제품을 원하게 됩니다. 많은 사람이 사용하면 할수록 더 많은 사람들이 구매하려고 합니다. 이것은 파급적인 순환고리라고 할 수 있습니다.

예를 들어 더 많은 사람이 IBM 컴퓨터를 사면 살수록 더 많은 소프트웨어 회사들이 IBM컴퓨터용 프로그램을 개발할 것입니다. 더 많은 IBM용 소프트웨어가 개발되면 더 많은 사람들이 IBM용 컴퓨터를 찾을 것입니다.

블루레이와 HD-DVD가 차세대 DVD 포맷으로 시장점유율을 높이려고 서로 경쟁하고 있는 것도 비슷한 예입니다.

통달스님　파급적인 순환고리는 배우들에게도 해당이 되겠군요. 연기를 잘하니까 영화나 TV에도 나오게 되고, 그러다보니 더 많은 사람들의 사랑을 받게 되니까, 광고에도 나오고 말입니다. 요즘 연예인들의 파급효과는 정말 대단하지 않습니까?

최창현 박사　그렇지요. 청소년들에게는 일종의 문화콘텐츠라고 할 수 있지요. 브리안 아더는 VTR시장에서의 기술전쟁에 있어서 파급 순환고리가 어떻게 작동하는지를 설명하고 있습니다.

소니의 베타맥스 비디오테이프 기술은 VHS보다 우월한 기술이었지만 VHS가 시장 점유율에 있어서 초기의 근소한 차이로 리드하고 있었기 때문에 경쟁적 우위를 지키고 편차증폭 순환고리로 인해 계속 시장 점유율의 우위를 지켜가게 되었습니다.

만일 이 두 가지 형태의 테이프가 똑같은 시장 점유율의 운에 따라

기복을 보일 것입니다. 그리고 자기강화적 순환고리가 작동되면 결국 두 기술 중 하나가 시장을 100% 점유할 것입니다.

그러나 어떤 제품이 시장을 점유하게 될지 미리 알 수는 없습니다. 만일 어느 한 기술이 다른 기술보다 우월하다고 해도 초기의 시장 점유율에서 운이 나빠 뒤진다면 다시 만회하기는 어렵습니다. 실제 산업전문가들은 패자인 소니의 베타맥스 테이프가 기술적으로는 VHS보다 우수하다고 합니다

49 — 복잡계 이론으로 '연정실패'를 분석했다는데 이는 무슨 말인가?

통달스님　어떤 정치인이 복잡계 이론으로 '연정실패'를 분석했다는 것은 정말 흥미로운데 설명해 주시겠습니까?

최창현 박사　한나라당의 국회의원이 복잡계 이론을 적용해 노무현 대통령의 연정 제안이 실패할 수밖에 없는 이유를 설명해 눈길을 끌었습니다. 그 의원은 당 홈페이지에 올린 글을 통해 최근 수년간 한국사회를 변혁시킨 붉은악마 신드롬, 촛불시위 탄핵사태 등을 언급하며 "노 태통령은 붉은악마 신드롬의 에너지를 후보 단일화를 통해 자기 것으로 만들었고, 대선 전 촛불시위를 통해 힘을 얻었으며, 탄핵을 원동력으로 이용하여 총선의 승리를 일궈냈다"며 이 현상들을 설명하는 이론적 분석들이 바로 복잡계 이론이라고 주장했습니다.

통달스님　붉은악마 신드롬, 촛불시위, 탄핵, 그리고 연정론까지…, 그것이 어떤 연관인지 궁금합니다.

최창현 박사 비주류 정치인이었던 노무현 전 대통령이 나라의 지도자가 되는 과정은 그야말로 드라마틱했습니다. 2002년 월드컵을 통해 유력한 대선후보로 '떠'버린 정몽준 후보와의 여론조사를 통한 단일화, 이를 통해 월드컵의 에너지를 고스란히 자기 것으로 만들어 버렸습니다. 대선 막바지 최대의 사건 중에 하나였던 촛불시위 또한 노무현 후보에겐 천군만마나 다름이 없었습니다.

대통령이 된 후 2004년 17대 총선에서 그는 엄청난 승리를 거두었습니다. 1988년 이후 처음으로 여대야소를 만들어낸 대통령이 된 것입니다. 그 원동력은 탄핵이었습니다.

이 과정을 관통하는 하나의 현상이 있습니다. 앞에서 언급했던 바로 '나비효과'입니다. 즉, '아마존에 있는 나비가 작은 날갯짓을 하면 텍사스에 엄청난 허리케인이 덮친다'는 말로 흔히 표현됩니다.

10여 명의 붉은 악마들이 날갯짓으로 시작, 2천2백만 명의 우리민족이 길거리 응원에 나섰습니다. 효순이, 미선이를 추모하는 몇몇의 학생들이 거대한 촛불시위를 이끌어 냈듯이, 다수의 힘에 밀린 소수 국회의원들의 울부짖음이 거대한 탄핵역풍을 만들어냈습니다.

통달스님 이러한 상황을 비추어 우리는 나비효과가 아니라 '붉은악마 효과'라고 불러야겠는데요.

최창현 박사 이 같은 엄청난 변동과 극도로 예외적인 현상을 설명하는 이론적 분석들이 바로 복잡계 이론입니다. 복잡계 이론을 설명하기 위해서는 외부 에너지 유입, 공명장, 혼돈의 가장자리, 수확체증의 법칙, 시스템의 불안정화, 카오스, 적극적 되먹임, 나비효과, 자기조직

신과학 복잡계 이야기

화, 프랙탈 등 복잡한 용어를 동원해야 합니다. 그러나 '붉은 악마' 신드롬에 대입해 보면 쉽게 이해를 할 수가 있습니다.

통달스님 한국민들 사이에는 월드컵 개최라는 외부 에너지가 유입되면서 축구 실력은 물론 사회전반을 한 단계 업그레이드 시키자는 공감대가 크게 형성되었다고 생각합니다.

최창현 박사 그렇습니다. 변화를 갈망하는 힘이 기존의 고정관념과 사회기반을 송두리 채 흔들기 시작했습니다. 몇몇 사람들이 붉은악마를 이미 만들었고, 스스로 서로에게 긍정적인 영향을 끼쳤습니다. 그러면서 붉은악마 숫자가 폭발적으로 증가했습니다.

그들은 단순하게 그러나 강렬하게 '대~한민국!'을 외쳤고, 국민들이 이 외침에 빠져들기 시작했습니다. 이 과정에서 인터넷이 뉴스 전달속도를 빛의 속도로 만들었고, 히딩크라는 걸출한 지도자 겸 뉴스 메이커가 화려하게 등장했습니다. 결정적으로 우리 팀의 선전이 2천 2백만 우리 민족을 길거리로 끌어냈다는 사실입니다.

통달스님 월드컵은 끝났지만 우리 사회에는 새로운 질서와 문화가 만들어졌지요.

최창현 박사 촛불시위의 과정도 크게 다르지 않습니다. 위의 두 사건의 발생은 정치인 노무현과 아무 관계가 없었습니다. 그러나 이 사건들의 결과와 영향은 그를 대통령으로 만드는 데 크게 기여를 한 것입니다.

통달스님 설명을 듣고 보니 보이지 않는 힘^{예측불허}이 오히려 더 강하다는 생각이 듭니다.

최창현 박사 탄핵의 과정과 결과도 크게 다르지 않습니다. '재신임이다, 국민투

표다, 위헌적 행위다'라는 쟁점이 만들어지며 정치판이 크게 흔들렸습니다. 다수의 힘에 밀려 울부짖는 열린우리당 의원들의 모습이 TV를 통해 생생히 반복적으로 방영되면서, '부당하게 힘을 행사한 세력'에 대한 증오와 '힘이 없어 핍박받은 것처럼 보인 세력'에 대한 동정이 교차하며 거대한 탄핵역풍이 만들어졌습니다. 또 인터넷 공간에서는 '탄핵반대 여론'의 생산과 증폭이 이루어졌습니다.

통달스님 시위에 참여한 시민들은 단순하고 강렬하게 '탄핵반대'를 외쳤구요.

최창현 박사 그렇습니다. 그 과정과 결과는 유사하지만 탄핵정국의 발생과 정치인 노무현과의 관계는 앞의 두 사건과는 크게 다릅니다. 그는 사건의 발생과 깊은 관계가 있습니다.

부적절한 발언과 행동으로 계속 판을 흔들었습니다. 크게 흔들리는 혼돈의 가장자리에서 그의 생방송 기자회견은, 고 남상국 대우건설 사장의 자살까지 촉발시켰고, 결국 탄핵의 방아쇠는 당겨졌습니다. 그리고 총선 후, 새로운 정치 지형과 질서가 만들어졌습니다.

통달스님 누군가 이 과정을 처음부터 디자인하고 있었을까요? 그들은 이미 복잡계 이론을 연구하고 있었던 것 아닐까요?

최창현 박사 알 수 없는 노릇입니다. 하하…, 그러나 한 가지 분명한 것은 그는 이 과정을 통해 '총선과반획득'이라는 엄청난 정치적 전리품을 획득했다는 사실입니다.

| 참조 | **출처 〈남경필 의원 홈페이지 : 연합뉴스 2005. 09. 11.〉**

태풍도 연정론도 잠시 소강상태이다. 태풍의 눈도 연정론의 눈도

  신과학 복잡계 이야기

모두 한반도를 벗어나 있기 때문이다. 그러나 태풍이 몰려오듯 가을이 되면 연정론도 또 고개를 들 것이다.

"이번에는 성공 못한다."

이번에도 정치인 노무현은 성공할까?

판을 흔들고 혼돈의 가장자리로 몰아넣고 인터넷에서 증폭되고 그런 가운데 전혀 예상치 못하는 새로운 전설을 만들어낼 수 있을까?

그리고 자신이 원하는 정치적 목표를 달성할 수 있을까?

이번에는 안 될 것이다.

첫째, 판이 흔들리지 않는다. 국민적 공감대 형성이 없어 파괴력이 없다.

둘째, 동조세력이 움직이지 않는다. '친 노무현' 매체도 열린우리당 의원들도 진보적 학자들도 시큰둥하다. 유시민 의원이 열심이지만 세부족, 역부족이다.

셋째, 멋모르고 먹이감이 됐던 한나라당도 이번에는 장단을 맞춰줄 생각이 전혀 없다.

대통령께 한 가지 충고를 드리고자 한다.

대통령의 충실한 대변자 유시민 의원의 말대로 "선거구제 개편, 그걸 원하는 것"이라면 연정이니, 그만둘 수도 있다느니 하는 방법을 쓰지 않아도 된다. 이렇게 해야 진정성이 담보된다고 믿는다면 '빈대 잡으려고 초가에 불 지르는' 격이다.

유 의원이 말하는 '선거에서 특정 정당에 대한 국민 지지율이 그 정당의 획득의석 점유비와 가깝게 접근하는 선거제도'가 최종목표라면 이럴 필요가 없다. 뜬금없는 연정론이 아니라 솔직한 대국민, 대야당 설득이 더 효과적이다. 국민들과 야당을 설득할 정직한 명분과 대안만 마련하면 될 일이다.

그러나 지금처럼 큰 그림을 뒤에 숨기고 큰 판을 짜고 있는 듯 보여선 아무것도 안 될 것이다. 지금이라도 이상한 그림을 그리고 있다면 바로 찢어버리는 것이 마땅하다. 그것이 정치인 노무현 자신에게도 나라에도 좋기 때문이다.

신과학 복잡계 이야기

50— 불교와 복잡계의 관계는 어떻게 볼 수 있나?

통달스님 이제 불교와 복잡계의 관계에 대한 이야기를 박사님으로부터 듣고 싶습니다.

최창현 박사 모든 변화는 에너지의 차이에서부터 나옵니다. 생명현상도 마찬가지입니다. 한 생명체는 지속적으로 움직이면서 고유한 에너지를 발산합니다. 이러한 에너지의 방출현상을 엔트로피라고 말합니다. 이는 그 생명체에 멸의 작용이 일어나고 있음을 의미합니다.

반면 생명체는 먹이를 취하면서 자신의 생명을 지속시키고자 노력합니다. 자신의 에너지를 증장시키는 것을 생의 작용이라고 말합니다. 에너지의 방출은 곧 주위 것들과 서로 간의 에너지적 차이를 없애는 과정이요, 에너지원을 취하는 것은 에너지적 차이를 강화시키는 것입니다.

에너지는 높은 곳에서 낮은 곳으로 강한 곳에서 약한 곳으로 흐릅니다. 이 삼라만상은 이러한 에너지적 교류의 과정이라고 볼 수 있습니다. 모든 생명체는 이러한 에너지적 차이에서 발생하는 무궁한 변화의 장을 의미합니다. 모든 생명체는 이러한 에너지적 멸과 생의 반복과정을 통해 변화해 갑니다. 우리의 몸도 현재 이러한 생멸 과정의 변화 속에 있습니다. 인간의 위벽은 3일만에 교체됩니다. 간은 3개월이면 완전히 새로운 세포들로 구성됩니다.

그러나 간을 구성하는 하나의 세포가 멸이 없고 생만이 있다고 하면 그것이 암세포가 되는 것입니다. 암은 지속적으로 자기증식만을 반복하는 것입니다. 생은 적고 멸이 많으면 그것이 곧 죽음으로의 행진입니다.

우리 몸은 6조 개의 세포와 수조 개의 박테리아가 함께 공존하면서 생멸을 거듭하는 세포와 박테리아들의 공동체적 삶의 덩어리라고 할 수 있습니다. 우리의 몸과 같이 우주만물 또한 하나의 복잡계라고 말할 수 있습니다

통달스님 삼라만상이 에너지적 교류의 과정이며, 모든 생명체는 생멸을 거듭하는 세포와 박테리아들의 공동체적 삶의 덩어리라는 표현은 상당히 리얼합니다.

최창현 박사 다음은 복잡계가 움직이는 현상을 여러 가지로 나누어 보았습니다. 첫째, 중도와 복잡계입니다. 복잡계는 긍정적 순환고리 positive feedback 와 부정적 순환고리 negative feedback 가 끊임없이 반복됩니다.

순환고리는 불교적 용어로 보면 쌍차요 곧 버림과 멸을 의미하며,

 신과학 복잡계 이야기

순환고리는 쌍조요 곧 얻음과 생을 의미합니다. 생과 멸이 한 곳에 치우치지 않고 동등 선상에서 지속적으로 반복하면서 생명의 낙원이 형성됩니다. 그것을 중도라고 합니다.

통달스님　중도가 복잡계와 그렇게 연관되어지는군요.

최창현 박사　두 번째는 나비효과입니다. 조그만 차이가 엄청난 차이를 가져오고, 작은 일이 엄청난 결과를 가져온다고 했습니다. 복잡계의 특성을 들라고 하면 예측불가능, 급변, 불확실성을 들 수 있습니다.

단순계에서는 처음의 작은 차이가 계속 큰 변화 없이 지속될 수 있지만 복잡계에서는 호리유차 천지현격^{신심명}, 즉 털끝만한 차이가 나중에는 천지간만큼 벌어진다는 것입니다. 빈익빈 부익부, Venture기업 처음은 별 차이 없이 시작하지만 얼마 지나면 그 차이가 하늘과 땅만큼 차이가 나는 현상도 모두 복잡계에 일어나는 현상의 일부입니다.

우리가 살아가는 삶의 현장은 곧 복잡계 자체입니다. 따라서 우리는 한 순간을 영원처럼 살아야 합니다. 작은 일이라고 등한시하지 말고 작은 일도 최선을 다하는 모습을 보여주어야 합니다. 또한 깨달음을 위해 지속적인 수행이 요구됩니다.

깨달음은 일호의 차이라도 정확하게 인지하는 최고의 효율성을 갖춘 삶입니다. 깨달아 기민함과 예민함을 갖춘 지혜의 삶은 아주 미세한 차이를 분별할 수 있는 혜안을 갖게 됨으로써 자신과 타인에게도 늘 이익 된 삶을 부여할 수 있습니다.

통달스님　참으로 좋은 말씀입니다.

최창현 박사　스님 앞에서 목탁 두드리는 형국은 아닌지 모르겠습니다.

통달스님　아이구, 별말씀을 다 하십니다. 박사님 앞에서 저는 그저 배움을 얻고자 하는 학생일 뿐입니다.

최창현 박사　세 번째로 상대성 평등과 다양화입니다. 만물은 결국 자기 자신의 모습 그대로이기에 그 자체로 다양한 화엄의 세계를 도출하고 있는 것입니다.

일체현성 개이무위법 이유차별 一切賢聖 皆以無爲法 而有差別-금강경, 모든 지혜와 바른 성품이 충만한 만물들은 있는 그대로 자신의 위치에서 분명한 그 품성을 마음껏 드러내고 있습니다. 여기서 상대성이라고 함은 절대성이 존재하지 않는다고 하는 의미입니다.

우주만물은 연기합니다. 따라서 절대적인 주체가 없다는 의미입니다. 각자 모든 것들은 있는 그 자리가 곧 우주의 중심이요 있는 그대로가 절대입니다.

따라서 그들은 모두 우주의 중심입니다. 모든 것들은 자신만의 색깔을 가지고 연기를 계속하고 있기에 그것들은 스스로 차등되어져 있는 그대로가 평등입니다.

현재 있는 차별적인 그대로의 모든 것이 절대이기에 차등화 된 평등 속에서 다양한 꽃이 만발하고 있습니다. 그래서 중심은 밖에서 찾지 말고 자신의 자리, 그곳에서 성찰하는 것입니다.

통달스님　제가 마음에 새겨 함께 나누기를 즐기는 말씀입니다. 일체현성 개이무위법 이유차별~, 적절하고 훤출한 비유입니다.

최창현 박사　네 번째, 자율과 자기조직화입니다. 자율이라고 하는 의미는 각자가 절대성을 가진 본래 자신의 모습으로 돌아감을 의미합니다. 고정관념과 번뇌에 묶인 자신이 아닌, 모든 것으로부터 자유로운 본래 자신으로 돌아가 활보할 때, 온갖 삶의 모습이 각각으로 피어남을 의미합니다. 타율에 묶이고 다른 사람을 흉내 내고 답습하고 얽매이는 한 진정한 자율에 이르지 못합니다.

우리의 삶도 분별로 인한 탐욕에 속박되어 허구적 자아에 매여있는 한 결코 자유로울 수 없으며, 그를 통한 다양한 자기조직화는 기대할 수 없습니다.

국가, 기업, 가계 등 모든 체제의 자율을 통한 자기조직화를 기대하는 것입니다.

통달스님　상독행상독보 달자동유열반로 常獨行常獨步 達者同遊涅槃路-證道歌

항상 홀로 다니고, 항상 홀로 걷나니

통달한 이 함께 열반의 길에 노닐도다.

하하…, 어떻습니까? 적절한 표현이었습니까?

최창현 박사　예, 스님의 맑은 목소리가 저의 마음까지 씻어주는 듯합니다.

통달스님　공부란 참 좋은 것입니다. 늘 새롭게 깨치게 해주니 말입니다.

최창현 박사　다섯 번째, 프랙탈과 홀로그램Fractal and Hologram입니다. 하나가 만萬이고 만萬이 하나입니다. 모든 것은 독단자로 존재할 수 없습니다. 이제 사장도 운전을 하고 컴퓨터를 해야만 하고 아버지도 집안일을 하고 빨래를 해야 합니다.

시대적 조화를 원만히 이루어 갈 때, 내 속에 모든 우주가 담겨진다고 했습니다. 티끌 속에 전 우주가 들어있듯이 만상은 내 안에 있습니다. 분리된 사고방식으로 자신의 역할만을 강조해서는 전체와 조화를 이룰 수 없습니다. 이제 모든 것들은 통합되고 융합된 속에서 살아갑니다.

통달스님　　일미진중함시방 일체진중역여시 一微塵中含十方 一切塵中亦如是

무량원겁즉일념 일념즉시무량겁 無量遠劫卽一念 一念卽是無量劫

한 티끌 속 그 가운데 시방세계 머금었고

모든 티끌도 그와 같아라

한이 없이 머나먼 무량겁이 일념이요

일념 또한 한이없는 머나먼 겁이어라.

의상대사의 〈법성게〉에 나오는 말씀입니다.

최창현 박사　　저는 이제 겨우 하늘의 뜻을 조금 안다는 지천명입니다만은 세상에 독불장군이 없다는 걸 알게 되었지요. 그래서 저는 '더불어'라는 말을 매우 좋아합니다.

통달스님　　맞는 말씀입니다.

최창현 박사　　여섯 번째, 퓨전과 시너지 Fusion and synergy 효과입니다.

뒤섞임 속에서 우리는 삶의 효과를 배가할 수 있습니다. 현대는 세계화가 이루어지면서 시너지효과를 창출하고 있습니다 M&A. 나의 주장을 버리고 고정관념으로부터 탈출하여 본래 자아로서 또 다른 자아를 만나면 시너지효과가 극대화됩니다. 자신을 고집하지 말고 유연한 상황에서 만상을 수용할 때 퓨전이 되고, 이는 엄청난 시너지효과를 발하게 됩니다.

첨단의 시대는 뒤섞임이 원활해지는 것으로 시작되었습니다. 동양과 서양의 패션이 같이 어우러져 새로운 패션의 형태를 낳고 있습

　　　　신과학 복잡계 이야기

니다. 음악이나 음식, 학문 등도 마찬가지입니다. 개방된 정보의
길에 새롭게 드러난 참 나와 형성되는 인연은 곧 예상할 수 없는 새
로운 세계로의 대변신을 예감합니다.

이것이 자비행입니다. 진정한 자비행은 예와 덕을 통해 나를 닦고
만상을 수용할 때 자연적으로 발현되는 무위행 또는 무아행의 결과
입니다.

통달스님 무아는 자아망실이 아닙니다. 무아는 절대성으로서 조그마한 차이
라도 분명히 인식하는 자아의 적극적 도출입니다. 그것은 분별에
걸려있지 않은 정밀함이며 시각적 인식의 차별이 줄어든 기민함입
니다.

무아는 스스로 분명하기에 모든 것을 포함하고 시의적절한 행을 할
수 있으며, 무아의 영속일 때 진정한 자율과 무한창출이 가능합니
다. 그러므로 무아는 곧 자비입니다. 그리하여 무아는 모든 것을 수
용하고 사랑합니다.

無爲心內起非心〈무위는 곧 자비행이다〉

51— "잃어버린 동전을 왜 거기서 찾나?"

최창현 박사 어느 날 저녁 한 여자가 어두운 길거리를 걷고 있었습니다. 그녀가 가로등 밑에 다다르자 한 남자가 무릎을 꿇고 무엇인가를 열심히 찾고 있었습니다.

그녀가 묻기를 "뭘 찾으세요?", "잃어버린 동전이요" 하고 그 남자가 대답했습니다. "어디서 잃어버리셨는데요?" 여자가 묻자, "바로 저기요" 하고 그 남자가 두 가로등 사이의 어두운 부분을 가리킵니다. "그런데 대체 왜 여기서 찾고 계시는 거예요?" 하고 그녀가 의아해 합니다. 그 남자 왈, "여기가 불이 더 환하니까 그렇죠."

통달스님 사오정 시리즈 중 하나 같습니다. 하하하….

최창현 박사 위 농담은 복잡계과학이 전하는 메시지를 함축하고 있습니다.

통달스님 오호, 그렇습니까?

최창현 박사 오늘날 대다수의 사람들은 질서 · 안정성 · 응집성 · 일관성, 그리

  신과학 복잡계 이야기

고 평형에 초점을 맞추는 모형을 사용하여 복잡한 세계의 경쟁게임을 설명하려 듭니다.

우리는 게임의 불규칙적인 무질서 내지는 우연성에 주목하지 못하고 있습니다. 무질서, 불규칙성, 예측 불가능성 그리고 우연성이라는 관점에서 세상을 설명하는 것은, 마치 어두운 데서 잃어버린 동전을 찾는 것과 같아, 질서정연한 모형이 훨씬 더 편안하기 때문입니다.

52— 창조적 파괴란 무엇이고 어떻게 할 수 있나?

통달스님 박사님, 창조적 파괴란 무엇입니까? 그리고 어떻게 해야 하는 겁니까?

최창현 박사 먼저 자율적 동요의 창조를 위해서는, 주어진 규정으로부터의 일탈이나 실수를 조장하는 것이 필요합니다.

통달스님 사고부터 쳐야겠군요.

최창현 박사 하하…, 그렇습니다. 최근 일부 행정조직에서 상징적으로 실시하는 관용심사제의 실질적 활성화가 필요합니다. 미국의 경우 상당한 수의 지방정부가 주요 운영부문들을 제구조화하기 위해 위탁관리형을 취하고 있습니다.

이는 한국 실정에서는 아직 시기상조라는 의견이 나오고 있지만 부분적·국소적으로 위탁관리를 도입하고 이를 점진적으로 확대하는 방안도 고려할 수 있습니다. 영국의 경우 자치단체의 1개국局을 민간기업에 팔아넘겨 1천 5백여 명의 공무원들이 신분을 잃은 경우가 있는데, 이는 공직사회에 엄청난 동요의 발생을 불러일으킵니다. 공직사회의 창조적 동요를 조장할 필요가 있는 것입니다.

통달스님   인사제도를 개방한 공직사회에 창조적 동요를 가져온 다음엔 어떻게 해야 합니까?

최창현 박사   자기 초월성을 확보하기 위해서는 전문관료제를 확립하여, 자기의 전문지식에 따라 자긍심을 가지고 소신껏 업무를 추진할 수 있도록 해 주어야 합니다. 또한 정보의 공유와 협력성을 조장하기 위해서는 모든 조직 구성원이 정보를 자유로이 접근할 수 있도록 조직의 공개화가 필요한 것입니다.

아무리 전산화가 잘 되어 있어도 필요한 정보를 즉시 획득하기 위해서는 기존의 계층제적 관료제도는 정보흐름에 한계가 있기 때문입니다.

통달스님   일하는 분위기 자체가 매우 자유스러울 것 같군요.

최창현 박사   그렇습니다. 마지막으로 목적지향성을 확보하기 위해서는 종래의 관료제적 '명령/지시'의 구동형 조직에서 탈피하여, '목적/비전'의 구동형 조직으로 개편해야 합니다.

통달스님   그것 참 바람직한 개편이군요.

최창현 박사   이를 위해서는 리더의 미래지향적인 사고와 더불어 장차 조직이 추구해야 할 비전의 제시를 통한 비약적인 발전토대의 형성이 절실히 요구됩니다.

이제는 단순히 명령 지시만을 따르는 소극적 행정서비스에서 탈피하여 적극적 행정서비스 형태로 바뀌어야 할 것입니다. 일본 이즈모시 백화점에서의 행정서비스제도나 연중무후 행정서비스제도 등을 제공하고 있고, 우리나라 강원도의 경우는 1993년 6월 1일부로 휴일민원처리제를 실시하고 있습니다. 특히 강릉시의 경우 모든 시 공무원의 집 대문에 '민원처리의 집'이라는 명패를 달고, 접수된 민원을 아침 출근 시 가지고 가서 퇴근 시 가져다주는 제도를 실시해서 4월 한 달 간 천여 건의 실적을 올린 바 있습니다.

통달스님 자기창조적 발상은 관료제적 타성에 젖어 있는 한 쉽게 나오기 어려운 법인데 참신한 개혁의 예들이군요.

최창현 박사 이와 같이 행정조직이 자기조직화체제를 갖추어야만 비로소 창조적 파괴를 통한 행정조직의 자기혁신이 가능해집니다. 창조적 파괴를 통한 행정조직의 자기혁신을 위한 방안으로는,

    1. 조직구조의 파괴

    2. 행정업무처리 과정의 파괴

    3. 인사파괴

    4. 행태파괴

등을 들 수 있습니다.

통달스님 듣고 보니 창조적 파괴를 통한 자기혁신으로 가는 길에는 고통이 수반되겠네요?

최창현 박사 그렇습니다. 모든 것이 고통 없이 이루어지지는 않는 법이니까요.

통달스님 그렇다면 조직구조의 파괴를 위한 혁신방안은 어떤 것이 있습니까?

최창현 박사 조직구조 파괴를 위한 구체적 혁신방안으로는 행정조직의 리스트

 신과학 복잡계 이야기

럭쳐링, 나운사이징 등이 있습니다.

리스트럭쳐링Restructuring 이란, 대민행정 서비스 쇄신을 위한 공무원의 행태파괴는 소프트웨어에 해당된 것이라면, 하드웨어에 해당되는 기존의 각종 행정제도 및 관리방식에 대한 전면적인 개편이 요구됩니다. 소프트웨어가 아무리 좋은 것이라도 낡은 하드웨어에서는 쓸모가 없기 때문입니다.

통달스님 행정업무처리 과정의 파괴를 위한 혁신방안은 어떤 것입니까?

최창현 박사 업무처리 과정의 파괴를 위한 구체적 혁신방안으로는 행정업무처리 과정의 리엔지니어링 등이 있습니다. 최근 전 세계적으로 BPR Business Process Reengineering 이라는 경영혁신기법이 유행하고 있는 이유도, 이와 같은 불필요한 시간을 줄이기 위한 전략의 하나로 시도되고 있습니다.

그동안 우리의 행정처리 절차는 복잡하고 어렵다는 지적이 많았습니다. 복잡하기 때문에 관청에서 기다려야하는 시간이 많게 되고, 어렵기 때문에 '보통사람'의 경우에는 관청출입을 위해 불필요한 거래비용을 지불해야 했습니다.

정부의 상당부분 대민관련 행정절차는 대다수 선의의 국민들을 기준으로 하기보다는 극소수의 사람들을 기준으로 설계되어 있습니다. 지방정부는 물론 대부분의 중앙행정기관도 집행위주의 행정이었고, 연구나 문제해결을 위한 창의력이 요구되지 않았습니다.

이러한 관행은 과거 행정문제가 단순하고 민주통제가 어려웠던 권위주의적 정부 하에서는 가능했다고 봅니다. 그러나 지금과 같이 행정문제가 복잡하고 어느 정도의 민주통제가 가능한 민주정부 하에서는 과거와 같은 물리적 행정, 집행적 행정은 이제 그 기능적 진부화의 위기를 맞게 되었습니다. 국민과 접점에 있는 최일선 관료기관에서 가능하면 서비스가 완결되도록 해야 합니다.

통달스님 요즘은 공인인증서만 있으면 주민등록 등초본을 인터넷에서 쉽게 다운받을 수 있고 등본 발급기계가 지하철 주변에 있어서 참 편리하고 좋습니다. 민원업무의 탈동사무소가 우리에게 시간절약과 편리함이란 선물을 주었습니다. 이것이야말로 행정업무처리 과정의 창조적 파괴가 가져다준 산물이겠군요.

최창현 박사 그렇습니다.

통달스님 그렇다면 인사파괴의 혁신방안도 들어보고 싶습니다.

최창현 박사 인사파괴의 구체적 혁신방안으로 공무원 충원 및 인사제도의 개혁, 민간사기업 인사제도의 벤치마킹 등을 말합니다. 사기업에서 다른 기업의 장점을 배우려는 시도를 뜻하는 벤치마킹이 지방자치단체에 시사하는 바는 다른 자치단체의 좋은 행정시책을 배워야 한다는 것을 의미합니다.

통달스님 예전에 저의 대학 은사님께서 하신 말씀 중에서 '컨닝을 잘해야 성공한다'고 하셨습니다. 나 아닌 타인의 삶에서 끊임없이 보고 배우라는 뜻이었지요.

최창현 박사 그 말씀은 곧 벤치마킹을 잘 하라는 말씀이셨군요.

통달스님 하하…, 그렇지요. 이번에는 공무원의 행태파괴에 대한 설명도 듣고 싶습니다.

최창현 박사 공무원의 행태파괴를 위한 방안으로는 민간기업에서 실시하고 있는 '창조적 파괴의 날'과 같은 제도를 도입해 보는 방법이 있습니다. 제일모직이 도입해서 주목을 끌고 있는 창조적 파괴의 날이라는 제도는 직원들이 출근부 체크만 하고 회사업무를 보지 않아도 되는 날로 한 달에 이틀까지 가능합니다.

즉 하루는 개인별로 평소에 하고 싶었던 일을 마음대로 할 수 있고, 마지막 주 토요일 하루는 부서별로 모여 업무나 인생설계 토론 등을 자유롭게 하도록 한다는 것입니다. 다만 개인별 사용은 이 제도가 원활하게 정착될 때까지는 부서장의 동의를 얻도록 했습니다.

세계화 추세에 발맞춰 〈No work but think day 일하지 않고 생각하는 날〉로 이름 붙여진 '창조적 파괴의 날' 가운데 개인별로 쓸 수 있는 날은 회사 밖에서 열리는 각종 세미나에 참석, 관심분야를 연구할 수 있습니다. 또 다른 회사를 방문해 업계 현황을 살펴볼 수도 있습니다. 심지어 휴게실에서 하루 종일 휴식을 취하며 공상하거나 잠을 자도 됩니다. 부서별 공동사용의 날은 평소 느낀 회사생활의 고충에 관해 토론을 할 수도 있습니다.

대신, 회사 측은 직원들로 하여금 창조적 파괴의 날에 자기가 했던 일을 A4용지에다 바로 반영한다는 계획입니다. 회사 측은 "창조적 파괴란 보다 큰 발전을 이루기 위해서는 기존의 틀을 과감히 깨뜨리는 개혁이 필요하며 이런 개념을 경영혁신에 적용한다는 취지에서 도입된 것"이라고 배경을 설명했습니다.

이외에도 삼성화재가 스타지오라는 관행파괴팀을 운영하고 있는데 이러한 제도는 행정조직에도 도입된다면 기존의 평형상태에 동요를 발생시키는 계기가 될 수 있을 것입니다.

 〈표1: SOS의 조건과 창조적 파괴를 통한 관료제 혁신방안〉

:: **자기조직화체제(SOS)의 특성과 조건**

1. 자율적 동요의 창조 → 관용심사제의 실질적 활성화

　　　　　　　　　　　위탁관리형의 부분적 도입

　　　　　　　　　　　준자율적 근무집단

　　　　　　　　　　　연동근무제

2. 자기초월성 → 전문관료제 확립

3. 정보의 공유를 통한 협력 → 조직의 Network화

4. 목적지향성 → 목적/비전 구동형 조직으로 개편

　　　　　　　　자기 조직화하는 가상조직(SOVO)

↓↑

:: **창조적 파괴와 관료제 혁신방안**

1. 조직구조 파괴 → 행정조직의 Restructuring

　　　　　　　　→ 다운사이징(Downsizing)

2. 업무처리 과정의 파괴 → 행정업무처리 과정의 Reengineering

　　　　　　　　　　→ 행정업무처리 과정의 혁신

3. 인사파괴 → 사기업 인사제도의 벤치마킹

　　　　　　　→ 공무원 충원 및 인사제도의 개혁

　　　　　　　　　　신과학 복잡계 이야기

4. 행태파괴 → 창조적 파괴의 날 등의 제도도입

　　　　　　→ 공무원의 의식개혁

※복잡계로 바라본 조직관리(2005), 최창현, 삼성경제연구소.

최창현 박사　이러한 일련의 조직혁신의 몸부림은 혼돈이론 관점에서 보면 상당히 바람직한 현상으로 창조적 파괴라는 요동을 통한 새 질서로 진화하는 자기조직화의 한 관리적 수단이 될 수 있습니다.

여기서 중요한 점은 파괴를 통한 행정혁신이 이루어졌다고 해서 다시 관료제적 평형상태에 안주하려는 발상은 곤란하며, 일단 새 질서인 자기조직화 체제로 진화한 이후에도 지속적으로 자기조직화 체제의 특성과 조건을 유지하고, 이를 바탕으로 끊임없는 창조적 파괴를 통한 혁신과정을 되풀이하려는 노력을 하지 않으면, 위에서 언급한 혁신 방안들은 별효과를 보지 못할 것입니다.

통달스님　(장단을 맞추듯) 네, 그렇지요. 그렇고 말구요.

53 — 수확체감의 법칙과 록인이론이란?

통달스님 수확체감의 법칙과 록인이론^{lock-in theory}에 대해서 알고 싶습니다.

최창현 박사 작게나마 사업을 해 보신 분들이라면 수확체감의 법칙을 잘 이해하실 수 있을 것입니다. 가령 저의 집 근처에 수년 전에 '홍릉갈비'라는 갈비집이 있었습니다.

그런데 그 갈비집이 번창하자 그 옆에 '진짜', 또는 '원조' 등의 형용사를 붙인 홍릉갈비집들이 하나 둘 생겨나기 시작했습니다. 그래서 처음에는 시장을 거의 독점하다시피 했던 '홍릉갈비'집에 점차 고객이 줄어들게 되었지요. 고객이 여러 갈비집으로 분산되어 처음에 생겨난 갈비집은 이익의 '체감현상'을 겪게 된 것입니다. 이것이 바로 '수확체감의 법칙'의 예라고 할 수 있습니다.

또 다른 예를 들어보겠습니다. 커피농장을 시작한 한 농장주는 토지를 혹사해 가면서 생산을 확대해 갔습니다. 당연히 처음에는 커

신과학 복잡계 이야기

피 생산량이 늘어났지만 해가 거듭될수록 토지의 비옥도가 약화됨
으로써 커피 수확량은 점차 줄어 갔습니다. 또한 주변에 다른 커피
농장들이 생겨나자 경쟁적으로 커피 수확량을 최대치까지 확대해
갔지만, 이러한 경쟁으로 이익은 다른 커피 농장들로 분할되게 되
었습니다.

결국 어느 시기에 이르러 커피 농장에서 얻을 수 있는 수익은 일정
한 수준에 머무르게 되고, 농장주들은 보다 낮은 이익을 얻게 됩니
다. 즉, 커피농장에서는 토지를 혹사해 가면서 커피 생산량을 늘리
더라도 이익은 점차 줄어간다는 것이며, 이것이 곧 수확체감의 법
칙입니다.

통달스님 과다경쟁이나 욕심이 결국은 경제적 손실로 이어진다는 말씀이군
요.

최창현 박사 그렇습니다. 수확체감 법칙은 신고전파 경제학자인 마샬A. Mashall
1842~1924 에 의해 제출되었는데, 최근까지도 경제학의 기본원리로
여겨지고 있는 개념입니다. 그러나 지금까지의 경제이론의 틀을 깨
고 이 법칙에 도전하는 학설이 있습니다. 바로 아더의 록인이론입
니다.

통달스님 그렇다면 록인이론은 수확체감 법칙의 반대이론이 되겠군요.

최창현 박사 그렇습니다. 가령 하이테크 산업에는 수확체감의 법칙이 적용되지
않으며, 오히려 그 반대의 현상이 나타납니다. 고성능 항공기의 경
우를 생각해 봅니다.

이것은 처음 제작할 때는 엄청난 연구비와 기술 개발비 등이 필요

합니다. 그러나 일단 만들어지고 나면 록인되고 나면 그 후에 만들어지는 제품은 거의가 선행된 것의 복제나 다름없기 때문에 수정작업이 필요하다 해도 처음 것에 비해 비용이 엄청나게 절감됩니다. 더구나 고도의 기술을 요하는 작업이므로 농업이나 갈비집과 달리 남들이 쉽게 덤비지 못하기 때문에 시장을 거의 독점하게 됩니다.

따라서 제작할수록 원가가 적게 들어 이익은 그만큼 증가하게 되는 것이지요. 출판계에 베스트셀러도 이와 같은 양상입니다. 비록 출판계는 치열한 시장경쟁을 하고 있지만 베스트셀러에 있어서는 수확체감의 법칙이 적용되지 않습니다. 베스트셀러가 되는 책이 반드시 좋은 책은 아니지만 일단 베스트셀러로 록인되면 계속 팔리는 것입니다.

가령 어떤 책을 처음 2,000부 정도를 인쇄할 때는 제작비가 엄청나지만, 일단 그 책이 베스트셀러로 록인되면 만부 이상을 더 만든다고 해도 그 비용은 거의 종이값이나 다름없게 됩니다. 제작할수록 수지가 맞는 것이지요.

통달스님 업종에 따라서는 같은 제품을 계속 생산할수록 이익이 더해가는 것과 그 반대로 이익이 줄어가는 것이 있군요.

최창현 박사 그렇습니다. 정보화 시대가 진행되면서 종전의 경제학 상식이었던 '일정 단계에 도달하면 노력에 비해 수확이 감소해 간다'는 명제 수확체감의 법칙가 무너지고 업종에 따라서는 '노동시간의 증가에 따라 수확량이 계속 늘어간다'는 수확체증의 법칙이 성립하게 된 것입니다. 특히 정보산업에서는 노력하면 할수록 수입에 가속도가 붙는데, 가

    신과학 복잡계 이야기

령 소프트웨어를 만드는 기술은 축적될수록 실력이 향상되기 때문에 기존의 기반 위에서 계속 혁신제품기술을 만들어 낼 수 있습니다.

또 새로운 정보관련 기종이 팔리기 시작하면 관련기기가 함께 발달하며 시장은 눈덩이처럼 확대되어 갑니다.

그런 뜻에서 정보산업은 수확체증의 법칙이 적용되는 전형적인 보기라 할 수 있습니다. 아더는 이것을 VTR이 개발되었을 당시 이들 VHS와 BETA간의 경쟁을 예로써 설명하고 있습니다. 록인 −양의 피드백− 수확체증의 법칙이라는 도식이 성립하는 것입니다.

54— 운과 카오스, 그리고 평행이론이란?

통달스님 박사님, 운, 카오스, 평행이론은 어떤 연관이 있는 것입니까?

최창현 박사 꿈에 어떤 사람을 보았더니 아침에 그 사람으로부터 전화가 걸려왔다거나, 유리를 깨면 일이 생긴다는 식의 일들은 종전까지는 모두 '우연'이라 생각되어 왔습니다. 융은 인과율이 성립하지 않는 우연의 일치를 '동치성synchronism'이라고 이름 지었는데, 이에 관한 예로는 미국 대통령에 관한 이야기가 곧잘 인용되고 있습니다.

가령 당선된 해의 끝자리 수가 0이었던 대통령들, 예를 들어 해리슨1840년, 링컨1860년, 가필드1880년, 맥킨리1900년, 하딩1920년, 루스벨트1940년, 케네디1960년 등은 모두 재직 중에 사망하였으나, 레이건만이 1980년에 당선되어 1981년 암살당할 뻔하다 1~2센티의 차이로 겨우 목숨을 건졌습니다.

비교표를 보여드리면 쉽게 이해하실 수 있을 것입니다.

  신과학 복잡계 이야기

	링컨	케네디
1	1846 의회선출	1946 의회선출
2	1860.11.6 제16대 대통령당선	1960.11.8 제35대 대통령당선
3	암살자는 존 욱스 부스(1838년생)	암살자 리하비 오스와일드(1939년생)
4	암살자는 남부출신	암살자는 남부출신
5	암살자는 재판 전에 사살됨	암살자는 재판 전에 사살됨
6	암살 후, 극장으로 달아나다	암살 후, 극장으로 달아나다
7	암살당일 링컨은 경호원에게 "내 생명을 노리는 자가 있으며 그것은 막을 수 없을 것이다"고 말했다.	암살 몇 시간 전에 케네디는 경호원이 "총으로 사격 당한다면 방어할 길이 없다"고 했다.
8	암살일은 금요일	암살일은 금요일
9	총격부위는 후두부	총격부위는 후두부
10	사살장소는 포드극장	사살장소는 포드자동차 공장에서 제작한 차안
11	링컨부인은 암살현장에 있었음	케네디부인은 암살현장에 있었음
12	링컨 사망 후, 그 후임자는 존슨이라는 이름의 남부 출신이며 1808년생이다.	케네디 사망 후, 그 후임자는 존슨이라는 이름의 남부출신이며 1908년생이다.
13	링컨은 열심히 인권운동을 제창하였다.	케네디는 열심히 인권운동을 제창하였다.
14	케네디의 비서 중 링컨이라는 이름의 비서는 케네디에게 달라스에 가지 말라고 충고 했다.	

통달스님　링컨과 케네디는 우연이라고 하기엔 일치성이 너무 많군요. 어쨌든 그들의 운명은 사회에 커다란 혼란을 가져오지 않았나요?

최창현 박사　그렇습니다. 새로운 운명의 유입은 기존의 문화에 요동을 야기하고, 그것이 점점 규모가 큰 요동을 야기하고, 그것이 점점 규모가 큰 요동을 유발함으로써 마침내 새로운 시대적 상황이 창발되는 것입니다. 그리고 이것이 새로운 원형으로서 록인되는 것이지요. 즉, 다음과 같은 과정이 연출되는 것입니다.

외래문화 유입 → 요동 → 카오스 가장자리분기 → 원형의 자기조직화 → 새로운 문화의 창발

통달스님　모든 사건들요동이 다양한 창발을 이루어내는군요.

최창현 박사 베버는 『프로테스탄티즘 윤리와 자본주의의 정신』을 통해 물욕이 자본주의를 발전시킨다는 상식에 맞서 금욕과 절도 있는 생활을 목표로 하는 태도가 오히려 자본주의를 발전시켰음을 논리정연하게 설명하고 있습니다. 일종의 역설paradox이지요.

근면과 절도 있는 합리적 생활을 목표로 하는 칼빈의 사상이 무턱대고 하는 돈벌이가 아닌 계획적, 합리적인 기업경영의 정신적 기반을 만들었다는 것입니다. 그리하여 프로테스탄트 정신이 근대 자본주의의 발전에 중요한 요인이 된 것이라는 결론을 얻은 것입니다.

『프로테스탄티즘 윤리와 자본주의의 정신』이 사회학의 고전으로서 오랫동안 학자들 사이에 크게 평가받는 이유는 상식에서 벗어난 새로운 관점을 제공하였기 때문입니다.

그러나 여기에는 일원론적 관점이 숨어 있습니다. 베버는 서구문명권 내에서도 프로테스탄트 정신이 침투한 지역에서만 자본주의의 실현이 가능하며, 유교 문명권에서는 자본주의의 실현이 곤란하다고 말하고 있습니다. 그리고 '중국인은 일본인보다 기술적, 경제적으로 근대적 문화 안에서 완성 단계에 달한 자본주의를 자기화 하는 데 유능할 것이다'라고 덧붙이고 있습니다.

통달스님 그렇군요.

최창현 박사 최근에 괜찮은 영화를 한 편 보았습니다. 영화 〈평행이론〉은 다른 시대에 태어났지만 아주 동일하게 같은 삶을 살아가거나 같은 운명을 타고난 사람들이 존재한다는 이론이 평행이론이라고 영화 서두에서 보여줍니다. 심지어 어느 교수는 링컨과 케네디의 죽음을 연

    신과학 복잡계 이야기

구하던 중 닮은 부분이 꽤나 많다고 판단
하여 자신의 연구 결과를 종합적으로 정
리해서 『평행이론』이라는 책을 저술합
니다.

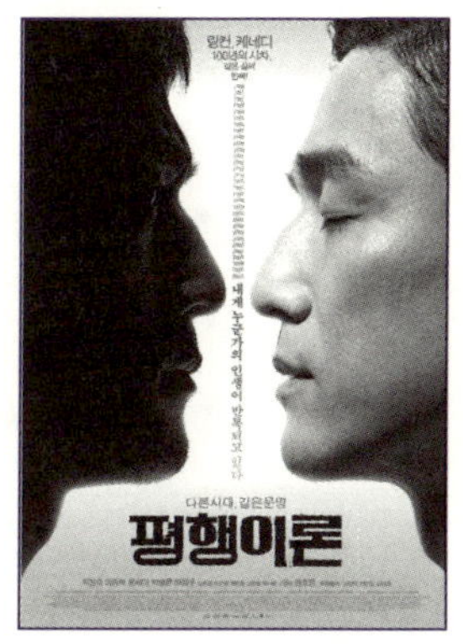

'운명은 자기 자신이 만들어 간다?'는
말의 반대되는 말이 바로 평행이론입니
다. 인간은 어쩔 수 없이 이끌리듯 그 운
명에 의해 움직이는 것입니다.

통달스님　그래서 옛날 어른들 말씀이 '팔자 도망은 못한다'라고들 하셨나 봅
니다.

최창현 박사　한국의 평행이론의 예도 한번 보십시오. 고종황제1919년, 백범 김구
1949년, 박정희 대통령1979년 노무현 대통령2009년 놀랍게도 이분들
의 사망년도가 정확하게 30년씩 차이가 납니다.

통달스님　그러고 보니 정말 놀랍군요.

최창현 박사　고종황제는 구한말의 풍파 속에 시련의 군주로 유명합니다. 대한제
국 수립 이후에 공무개혁을 실시하는 등 한국의 근대화를 이룩하는
데 큰 업적을 남겼습니다. 고종황제 당시는 일본이 조선을 노리던
때이고, 고종이 황제자리에서 물러난 후, 1919년 일본인들에게 독
살되고, 고종 사후 3·1운동이 일어났습니다.

백범 김구선생은 우리나라의 대표적인 독립운동가입니다. 1944년
에 임시정부 주석에 선임이 되어 항일운동을 계속 전개했습니다.
광복이후 한국의 남북분단을 막으려 했고, 1949년 경교장에서 안

두희에게 권총으로 암살을 당했습니다. 김구선생 사후에 한국역사 상 가장 큰 비극인 한국전쟁이 1950년에 발발했습니다.

박정희 전 대통령은 우리나라 5대 대통령입니다. 우리나라 대통령 중에서 대표적 독재자였습니다. 한국의 경제발전에는 크게 기여했지만 종신독재를 꿈꾸었던 그는 1979년 김재규의 저격으로 사망하였습니다. 그의 사후에는 5·18민주화 운동이 일어났습니다.

이후에 노무현 대통령이 2009년 5월 23일, 박정희 대통령 사후 30년이 되는 해에 서거하였습니다. 우연의 일치라기에는 너무 놀랍지 않습니까?

통달스님　평행이론이라는 것이 참으로 신기하면서도 놀랍습니다.

인도에서는 길거리의 구루가 배낭객의 물건들을 버젓이 갖다 쓰면서 하는 말이, "이것이 어째서 당신의 것입니까? 이것은 이미 수천 년 전부터 나를 위해 쓰이려고 정해진 것입니다"라고 능청스럽게 말한다고 합니다. 참으로 어이없는 일이긴 하지만 오늘 평행이론을 공부하고 보니 어쩌면 인도의 구루가 했던 말이 맞는 것 같다는 생각이 듭니다.

신과학 복잡계 이야기

epilogue

에필로그 – 헤어짐

저 멀리 보이는 산등성이를 감싸고 있던 구름들이 사라지자, 살짝 얼굴을 내민 하늘빛이 어느새 붉게 물이 들고 있었다.

"장시간 동안 부족한 사람에게 배움을 주시느라 고생 많으셨습니다."

처음 만날 때처럼 통달스님은 겸허한 자세로 내 손을 맞잡았다.

"아닙니다. 고생이라니요, 함께 공부하고 토론하는 즐거운 시간이었습니다."

나 역시 허리를 숙여 스님의 손을 잡을 때, 스님의 조금 낡았지만 눈부시게 흰 고무신이 옛날 우리 아버지의 고무신인 양 반갑고 친근하게 느껴졌다.

내 마음을 읽기라도 한 듯, 스님은 다정스럽게 다음을 기약해 주셨다.

"녹차빙수가 드시고 싶으시면 언제든지 들러 주십시오."

"머리가 복잡할 땐 금방 단순하게 만들어주는 녹차빙수를 먹으러 오겠습니다."

"하하하…, 기다리겠습니다."

스님의 유쾌한 웃음을 뒤로 하고 집으로 향하는 내 발걸음이 가벼웠다.

※본문의 참고문헌은 다음 추천도서로 대신한다.

본 부록은 독자의 복잡계 심화공부를 돕고, 특히 불교지도자인 스님들의 교양필수 교과서에 따르는 참고자료로 쓰기 위한 필자 임의의 순수한 목적으로 구성하였으며, 소개된 책의 저자나 출판사와는 무관함을 밝힌다.(강추도서 10권, 추천도서 10권으로 제한했다.)

【 강추도서 】

1. 복잡계 개론

저자 윤영수, 채승병 | 출판사 삼성경제연구소

● 우리가 일상적으로 지나쳐왔던 자연과 사회·경제계의 여러 현상들에도 여러 복잡성이 숨어있음을 보여주면서, 복잡계와 복잡성의 의미, 복잡계의 이론 및 배경, 그리고 현실에 어떻게 적용할 것인지와 그 한계에 대해 소개하고 있다. 그리고 물리학을 전공한 채승병 박사가 저술에 참여해 융합학문으로서의 복잡계 개론서를 완성해준 책이라 할 수 있다.

목차 —●

추천사 | 경계를 넘어서
프롤로그 | 복잡한 세상의 문턱에서

1장 복잡한 세상으로의 초대
2장 복잡계 이론의 배경
3장 복잡계 이론

2. 복잡계로 바라본 조직관리 SERI 연구에세이 37

저자 최창현 | 출판사 삼성경제연구소

● 종전의 조직관리자들은 조직의 성공이 질서정연한 미래 예측에 달려 있으므로 예측 가능한 미래의 환경 변화에 맞는 전략적 계획을 세워 조직을 통합, 조정해나가야 한다고 믿었다. 그러나 세상이 점점 복잡해지고 우리가 살고 있는 사회, 경제 구조가 복잡계의 모습을 띠고 있는 현 시대에는 사회의 단기적인 일상활동은 미리 계획할 수 있지만 장기적인 전략은 그럴 수 없다.

이 책은 혼돈이론, 좀 더 포괄적으로는 복잡계의 과학(science of complexity)에 입각하여 조직이 장기적인 계획 대신 지속적인 변화 과정을 창조할 수 있는 조건을 조성해야 함을 제안하며, 조직관리에 대한 새로운 해석을 시도하고 있다. 이 새로운 연구 패러다임은 현재 전 세계적으로 관심을 끌고 있는 분야이다.

요즘 같은 불확실성의 시대에 여행을 떠나기 직전 지도를 챙겨야겠다는 생각은 타성에 불과하다. 조직을 성공적으로 관리하는 핵심요건은 종전의 지도를 그대로 따라가는 데 있는 것이 아니라 새로운 지도를 창발적으로 만들어가는 데 있는 것이다. 체제나 조직이 혼돈의 경계(at the edge of chaos), 즉 복잡계의 영역을 계속 유지하면 조직 혁신이나 창조적 파괴와 같은 자율적 요동을 창조함으로써 새로운 질서로 위상 전이가 일어나는 것이다.

이 책은 조직관리자, 기업가, 경제학자, 학생, 학자 그리고 정책결정자들에게 복잡성과 혼돈이 경영상 어떠한 함축적 의미를 지니는지를 보여주고, 또 좀 더 많은 사람들이 복잡계 이론을 쉽게 접할수 있도록 글, 비유, 그림 등 여러 가지 자료를 활용하여 설명하고있다.

먼저 복잡성 과학의 탄생과 조직의 역동적인 진화 과정을 살펴보고 복잡계에서 조직의 위치와 혁신방안을 제시하고 실제 기업의 사례를 들어 복잡계 이론의 중요한 특질을 설명한다. 끝으로 혼돈과 복잡성이 조직관리에 미치는 중요성을 검토하고, 성공 조직으로 가기 위해 관리자와 정책 결정자들이 항상 불확실성과 혼돈의 세계에서 조직을 운영하기 때문에 복잡하고 잘못 이해되는 문제에 대해서 혁신적인 해결책을 찾을 것을 제안하고 있다.

목차 —●

책을 내며

　　　　　　　　　신과학 복잡계 이야기

래 / 자기조직화와 흰개미 : 참여정부의 혁신 전략

3 복잡계에서 배우는 성공 조직으로 가는 길
  01 미래를 관리하는 새로운 사고의 틀
  02 성공 조직의 요건
     조직구조와 환경의 관계 / 혼돈의 경계에 위치한 복잡적응계

생각해볼 문제
참고 문헌

3. 카오스와 불교

저자 김용운 | 출판사 사이언스북스

● 불교에서 바라본 과학의 본질과 미래. 불교를 중심으로 하는 동양사상과 현대과학으로 이어지는 서양철학이 하나가 되는 과정을 살피고, 21세기의 새로운 지의 세계를 구상했다. 서양 근대과학 사상의 원류로서 밀레토스 학파의 철학과 피타고라스를 더듬고 불교 사상과의 근본 차이를 설명하고 카오스의 자기조직과 노장자의 무위자연과의 비교 등을 수록했다.

목차 ―●

제1장 아르케를 찾아서
제2장 카오스와 불교의 만남
제3장 티끌 속의 우주
제4장 끝없는 되먹임의 고리
제5장 병 속에 있는 새를 잡아라
제6장 인과 연의 파동 에너지

제7장 연기계와 현대 과학

제8장 마음의 과학

제9장 기적과 초능력

제10장 생명 패러다임

4. 왜 복잡계 경제학인가

저자 시오자와 요시노리 | 역자 임채성 외 | 출판사 푸른길

● 21세기 새로운 경제론으로 각광받고 있는 복잡계 경제학을 소개한 책. 계획경제의 실패가 가르쳐 주는 것, 과학지식의 패러다임 전환, 합리성의 한계와 그 귀결, 자기 조직하는 복잡계 등 13개 장으로 나누어 복잡계를 소개하고 21세기의 기업과 경제를 살폈다.

목차 ─●

001 한계에 부딪친 경제학

002 계획경제의 실패가 가르쳐 주는 것

003 실고전파 경제학 비판

004 복잡계과학의 발전

005 뉴턴과 라플라스를 넘어

006 새로운 수학적 자연상

007 복잡계 경제학의 구상

008 경제 시스템의 특성과 경제행동

009 복잡계로서의 기업

010 자기 조직계로서의 경제

011 수확체증의 제개념과 그 구조

012 시장 변화의 다이내믹스

013 21세기의 기업과 경제

5. 카오스와 복잡계의 과학

저자 이노우에 마사요시 | 역자 강석태 | 출판사 한승

● 현대 컴퓨터 시대의 학문이 만들어낸 개념인 '카오스' 와 '복잡계' 를 실마리로 물리학과 생물학 또는 문과계열, 이과계열 등의 분류에 구애받지 않고 학문의 자유와 즐거움을 소개하는 책.
1장에서는 이제까지의 세계관의 틀에 맞지 않던 개념인 카오스와 복잡계를 이해할 때 도움이 되는 견해와 해석의 방법 등을 간단히 설명하고 있으며, 2장~4장에서는 카오스에 대한 해설, 5장과 6장은 복잡계 연구의 예를 소개한다.

목차 ─●

1. 우리는 사물을 어떻게 인식하는가
   말의 발생과 분절화
   추상화와 현실성
   인식 방법으로서의 역학계
   앞면의 이상화와 뒷면의 이상화
   백서와 소설

2. 역학계의 동물원과 카오스가 사는 곳
   운동의 종류에는 어떤 것이 있는가
   법칙의 종류에는 어떤 것이 있는가
   카오스가 생기는 장치
   아널드의 고양이와 파이 반죽
   칸토어 집합과 프랙탈 차원
   스메일의 말굽형 역학계

3. 카오스 진자를 만들자

6. 복잡계와 동양사상 -
자기조직화와 조직관리
저자 최창현, 박찬홍 | 출판사 지샘

● 본서는 복잡계과학과 동양사상을 융합하고, 사회체제의 관리에 응용하려는 시론적 시도에서 씌어졌다. 이 책은 행정학, 경영학, 사회학, 심리학, 경제학 등의 사회과학도나 동양사상에 관심 있는 분들, 그리고 조직에 몸담고 있는 조직구성원들이 한 번쯤 읽어 볼만한 책이다. 복잡계과학의 키스에 의해 새롭게 깨어난 동양사상, 그리고 자기조직화라는 새로운 시각으로 조직관리법을 이해하는 기회가 될 것이다.

복잡계과학을 주도하고 있는 미국 산타페 연구소Santa Fe Institute의 학제(學際) 간 연구에 자극을 받아 전 학계로 그 영역이 확장되고 있는 것이다. 그런데 이러한 학제 간의 연구에도 불구하고 복잡계과학과 동양사상(東洋思想)에 대해서만은 그동안 본격적인 접근을 시도하지 못하고 있는 실정이다. 그러나 현대과학이 300여 년에 걸쳐 규명한 생명의 신비와 복잡계과학이 동양에서는 무려 3천여 년 전부터 시작되었으며 8백여 년 전부터는 실생활에서 쓰여지고 있었다.

세계의 모든 문화권에서 자연에 대한 관측을 소홀히 하지 않았지만 그들은 음양론(陰陽論)이나 오행론(五行論) 등의 이론을 찾아내지는 못했다. 그러나 고대의 동양학자들은 자연이 아무리 무질서하게 보여도 그 안에는 음(陰)과 양(陽)이 교차되어 있고, 모든 생물들은 서로 상생·상극으로 연결고리를 이루고 있으며, 생명의 성장과정에는 변하지 않는 순서가 있다는 것을 알게 되었으며, 인간이란 자연을 떠나서는 생존할 수 없다는 것을 간파했던 것이다. 이렇게 자연을 전체적인 시각으로 관찰하면서 시작된 동양철학은 자기조직화 매커니즘을 담고 있는 음양론(陰陽論)을 이용하여 세상의 모든 일들을 일목요연하게 표현할 수 있는 상(象)으로 모델링

한 주역(周易)을 성립시키고, 생물들의 상생(相生)·상극(相剋) 순
환고리를 하나로 묶은 오행론(五行論)이 형성되었으며, 인체를 하
나의 시스템과 네트워크로 해석한 한의학(韓醫學)이 등장했다. 그
리고 복잡계의 특성인 초기조건의 민감성, 비평형, 시스템, 네트워
크, 요동(搖動)현상, 창발(創發)현상 등이 모두 내재되어 있는 사주
학(四柱學)으로까지 발전되어 왔던 것이다. 또한 오늘날의 복잡계
과학이 자연과학에서 출발하여 인문·사회과학으로 그 영역을 확
장해 가고 있듯이 동양에서도 자연과학[기후학]에서 힌트를 얻은
사주학(四柱學)이 사회과학으로 발전되어 왔으며, 8백여 년 전부
터 실생활에서 활용되고 있었던 것이다.

목차 —●

1. 동양의 복잡계과학
2. 복잡계
3. 초기조건에의 민감성과 사주조직법
4. 자기조직화와 음양론
5. 되먹임고리와 오행론
6. 시스템이론과 격국론
7. 혼돈과 자기조직화체제
8. 비평혀구조와 신왕·신약론
9. 요동과 공진화 그리고 용신론
10. 복잡계과학의 활용

부록
참고문헌

 신과학 복잡계 이야기

7. 복잡계로 풀어내는 국제정치 SERI 연구에세이 28

저자 민병원 | 출판사 삼성경제연구소

● 결정주의적 패러다임의 지배를 받아온 현대인들에게 복잡계 이론을 제시하며 시각과 발상의 전환을 돕고 예측 불가능한 국제정치의 거시적인 현상들을 심층 분석한 책이다. 결정주의, 환원주의 등 기존의 주류 이론들에 대한 비판과 반성을 통해 새로운 시대의 패러다임을 이야기하며 비선형 전쟁론과 제도의 진화, 네트워크화와 축적법칙, 그리고 임계현상을 심도 있게 고찰했다. 시뮬레이션과 디자인 및 엔지니어링 접근법 등의 다양한 시도로 국제정치의 관계를 조망한 복잡계 이론의 탁월한 활용서이다.
워크 사회와 조직, 복잡계 등에 관한 다수의 논문을 출간한 바 있다.

목차 ──●

책을 내며

1. 왜 복잡계 패러다임인가
    01 복잡계 이론은 한순간의 유행인가?
    02 새로운 글로벌 패러다임
    03 전쟁을 예측할 수 있다면
    04 쪼개는 것만이 능사가 아니다
    05 국가와 구조가 만날 때

2. 국제정치 속의 복잡성
    01 카오스의 전쟁미학
    02 다윈의 후예들
    03 네트워크와 좁은 세상

8. 불확실성을 경영하라 -
복잡계 이론으로 본 기업경영

저자 최희갑 |출판사 삼성경제연구소

● 외환위기와 더불어 고도성장은 점차 신화로 변해가고 불확실성은 이제 기업 경영의 일상사가 되어가고 있다. 복잡계과학은 불확실성이 자연계, 사회경제계, 그리고 조직이 복잡적응계의 속성을 가지기 때문이라고 주장한다. 하지만 동시에 복잡적응계는 무질서한 것만은 아니며 질서도 갖고 있는 제한적 불확실성으로 특징지어진다.

『불확실성을 경영하라』는 기업의 경영 환경과 내부조직을 불확실성의 실제를 '복잡게의 눈'으로 들여다본다. 무질서에서 질서를 찾아내고 있는 복잡계과학을 통해 불확실성의 세계에서 기업을 경영하고 있는 경영자들에게 불확실성 속에서 태동하는 질서를 간파해낼 수 있는 새로운 세계관과 새로운 질서를 창조하기 위한 도구를 제시한다.

사실 아직까지 복잡계 이론은 사고의 지평을 넓혀주는 것임에는 분명하나 불변하는 진리의 모습을 갖고 있지 못하다. 그럼에도 풍성한 새로운 시각과 논리를 제공한다. 경영자와 관리자들은 이 책

226

을 통해 늘 불확실한 경영 환경에서 태동하는 질서를 간파해내고
새로운 질서를 만들어갈 수 있을 것이다.

목차 —●

머리말

1장 불확실성과 경영 현실
   01 경영 환경의 불확실성
   02 기업의 부침
   03 불확실성에 따른 대응

2장 불확실성의 원천
   01 질서를 찾아서
     질서의 발견과 확산/전통적인 질서의 특징
   02 드러나는 무질서
     무질서의 인식과 그 발전/무질서의 특징들
   03 제한적 불확실성 : 복잡적응계
     카오스에 내재하는 단순한 질서 / 단순한 패턴을 보이는 복잡
     한 시스템:복잡계 / 복잡적응계 : 적응, 연결성, 그리고 규칙

3장 경영 환경과 불확실성
   01 경영 환경은 복잡적응계
     수많은 다양한 개체 / 적응하는 경제 주체들 / 사회적 시
     스템의 특이성 : 경제와 조직
   02 역사적 유산을 따르며 공진화
     상호 작용과 공진화 / 양의 피드백과 음의 피드백 / 열린
     계와 균형에서 멀리 떨어지려는 사회 / 역사와 경로에 대
     한 의존성
   03 경제에서 창발하는 자기조직화

　　　　　　　　　　신과학 복잡계 이야기

9. 복잡계 경제학 1

저자 브라이언 아서 외 | 역자 김웅철 | 출판사 평범사

● 미국의 하이테크 산업에서는 수확체증의 법칙이 적용되고 있음
을 논증한 글을 비롯해 일본의 하이테크 벤처기업에서 나타나고
있는 경영 현상을 수확체증 이론을 기초로 분석한다. 아울러 면역
학자와 경제학자가 복잡계 이론에 관해 대담한 내용을 수록했다.

목차 —●

10. 복잡성과학의 이해와 적용

저자 김용관 외 | 출판사 삼성경제연구소

● 자연과학뿐만 아니라 사회과학에서도 새로운 혁명을 준비 중인 복잡성 과학을 기업의 경영관리, 경제와 접목시켜 고찰한 저서. 경영의 복잡성과 복잡성 경영, 카오스이론과 조직관리, 복잡적응시스템으로서의 경제와 경제학, 진화게임 이론과 경제학 등을 탐구했다.

목차 ─●

【 추천도서 】

1. 카오스(현대 과학의 대혁명)

저자 제임스 글리크 | 역자 박배식 | 출판사 누림

● 카오스 신개정판. 이 책에서는 카오스의 이론의 탄생과 발전 과정, 앞으로의 전망을 종합적으로 설명하고 있다. 뉴욕타임스 과학기자였던 저자가 3년에 걸쳐 200여 명의 과학자들을 인터뷰하고 논문을 검토하여 알기 쉽게 설명하고 있다.

대기의 움직임, 날씨 변동, 복잡한 해류, 심장의 고동, 뇌파 주기의 변동, 세탁기, 팬히터, 로봇 등 카오스 현상이 적용되는 다양한 사례들을 중심으로 카오스 이론의 전모를 소설처럼 쉽게 파헤치고 있다.

목차 ─●

나비효과
에드워드 로렌츠와 장난감 날씨
컴퓨터가 착오를 일으키다
장기적인 예측은 실패하게 되어 있다
임의성으로 가장한 질서
비선형성의 세계
우리는 중요한 점을 완전히 간과했다

수에 관한 실험의 증가
미첼 파이겐바움의 대발견
보편성 이론
거절 편지

2. 오락가락 카오스(앗 이렇게 새로운 과학이 33)

저자 존 그리빈 | 역자 이연 | 출판사 김영사

● 잠잠했던 화산이 폭발하거나 맑았던 하늘이 갑자기 어두워지고 회오리바람이 몰아치는 등 갑작스러운 변화, 소용돌이나 홍수로 야기되는 탁류, 신경성 복통… 이런 현상 모두를 일정한 패턴으로 설명하는 카오스 이론서. 카오스의 정의와 역사, 불확정성이 무엇인지 등을 만화와 함께 알기 쉽게 설명했다.

목차 ─●

1. 카오스란 무엇인가?
2. 불확정성이란 무엇인가?
3. 카오스와 불확정성의 역사
4. 우리 주변의 카오스 현상
5. 카오스의 가장자리에서 생겨난 생명

3. 쉽게 풀어쓴 카오스 -
통합형 논술 대비를 위한 논술 내비게이션 논술 내비게이션 30

저자 박배식 | 출판사 위너스초이스

● 통합형 논술 대비를 위한 '논술내비게이션' 시리즈, 제30권 『쉽게 풀어쓴 카오스』. 서울대 · 연세대 · 고려대에서 선정한 권장도서 중 논술고사에 출제될 만한 100권의 도서를 엄선하고, 학생들이 단기간 내에 이해할 수 있도록 도서의 내용을 체계적으로 요약했다. 제30권은 과학 전문 기자 제임스 글리크의 〈카오스〉를 해설하고, 도서와 저자 소개 등의 배경 지식은 물론, 2008년부터 확대 시행하는 통합형 논술고사를 위한 통합형 논술문제, 예시답안 등을 수록해 실전적인 감각을 키우도록 구성했다.

목차 —●

1부 배경지식
    1. 카오스는 어떤 책인가
    2. 글리크는 누구인가
    3. 주요 용어와 개념
    4. 주요 인물

2부 카오스

3부 논술 내비게이션
    1. 주요 단락 해설
    2. 통합형 논술문제
    3. 예시답안

신과학 복잡계 이야기

4. 기독교 신앙과 카오스 이론 -
카오스 이론의 신학적 응용에 관한 연구

저자 강성열 | 출판사 대한기독교서회

● 카오스 이론을 신학적 응용을 연구한 책. 저자는 카오스 이론의 기본 주장과 성서의 다양한 가르침 사이에 있는 유사성에 착안하고 있다. 이를 통해 하나님의 말씀인 성서가 카오스 이론의 기본적인 주장들을 이미 오래 전부터 그 안에 포함하고 있었다고 말한다. 또한 구약성서 안에 있는 다양한 창조 관련 본문들 역시 하나님의 창조가 혼돈과 무질서에서 질서 있는 세계를 만든 것임을 강조하고 있다고 본다.

목차 ─●

머리말
1. 서론
2. 카오스 이론이란 무엇인가
3. 창조와 혼돈
4. 혼돈 개념의 역사화: 혼돈 세력에 대한 승리와 하나님의 구원
5. 불확정성의 원리가 지배하는 인간의 삶과 역사, 그리고 하나님의 섭리
6. 광야의 혼돈 상황과 하나님의 구원
7. 혼돈의 절정인 죽음에서 생명의 결정체인 부활로
8. 결론
참고문헌
부록 : 중국의 여와 창조 신화와 창세기 1-11장의 비교

5. 카오스 경영

저자 랄프 D.스테이시 | 역자 최창현 | 출판사 한국언론자료간행회

● 혼돈시대의 창조적 조직관리 지침을 9장에 걸쳐 소개한 경영서.
새로운 사고와 더불어 예측 불가능한 미래관리 차원에까지 자세히
설명한 경영서이다.

목차 —●

001 미래를 관리하기 위한 새로운 사고방식
002 전총적 관리의 실패
003 안정적 불안정성
004 창조성과 지속적 혼돈
005 전략적 사고와 지속적 논쟁
006 전략적 의제
007 전략적 통제
008 차며, 제충제, 그리고 안정성
009 예측 불가능한 미래를 관리하기 위한 단계

6. 진화를 넘어 차별화로 -
복잡계 경제의 단순한 발전원리

저자 좌승희 | 출판사 지평

● 복잡계 이론에서 찾는 대한민국 경제발전의 원리!
『진화를 넘어 차별화로』는 한국경제의 재도약을 위한 경제 전략과
정책과제를 내 놓는다. 저자는 신고전파 주류경제학을 버려야 경제
를 살릴 수 있다며 경제발전론에 대한 새로운 패러다임을 제시한다.

제목 "진화를 넘어 차별화로"는 발전을 위해서는 진화를 가속화시켜야 한다는 것을 의미한다.

복잡계 경제관을 적극 수용하면서도 경제 진화과정의 자기완결성을 재검토하는 작업에서 출발한다. 무의식적인 변화과정으로 진화를 받아들이는 것이 아니라, 거래비용경제학과 신제도경제학적 관점에서 진화를 재조명한다.

그리고 진화의 장으로서 시장이 만들어내는 성과에 따른 차등과 차별현상이 오늘날 민주주의가 지향하는 평등의 이상과 상치될 가능성에 대해서도 이야기한다. 또한 일본, 독일, 프랑스, 영국, 미국 등 주요국들의 경제발전사에 대한 분석결과도 제시하여 참고하도록 하였다.

목차 ―●

나. 복잡계 경제관이 대안이 될 수 있다.

다. 복잡계 경제의 변화는 진화의 원리를 따른다. 그러나 진화적 실패를 피할 수도 없다

라. 복잡계 경제의 신 발전원리 : 발전은 경제진화의 실패를 교정하는 과정이며, 방향과 목적의식을 갖는 차별화과정이다.

2. 복잡계 경제발전의 실제

가. 경제발전의 과정은 만남을 통해 서로 간에 시너지를 창출하고 향유하는 과정이다.

나. 왜 발전은 집중과 집적을 가져오나?

다. 시장만의 힘으로 발전을 이뤄내기는 어렵다.

라. 기업이라는 조직 없이는 발전은 어렵다. 기업의 의사결정방식의 비민주성과 내부거래의 불투명성이 발전에 도움이 된다.

마. 정부라는 조직도 시너지 창출원인 성공하는 역할모델을 도움으로써 발전에 기여할 수 있다.

바. 시장경제는 시장, 기업 그리고 정부로 구성된다. 이들 3자의 차별화원리 실천이 경제도약의 필요조건이다.

3. 복잡계 경제발전원리의 시사점

Ⅲ. 복잡계 발전원리로 본 현대 세계경제발전사

1. 선진국의 성장과 정체, 그리고 개혁의 경험

가. 일본 나. 독일 다. 프랑스 라. 영국 마. 미국

2. 북유럽식 사회민주주의 실험, 지속가능한가? : 스웨덴

3. 개발도상국의 경험

가. 파퓰리즘에 빠진 남미 : 아르헨티나의 경험

나. 선부론(先富論)으로 도약에 성공한 중국

다. 사회주의와의 결별에 나선 인도

4. 역동적인 도시국가의 성장비결

가. 도시란 무엇인가?

나. 두바이와 싱가포르의 성장

가. 경제발전에 있어서의 시장과 조직의 역할

나. 개발연대 발전의 동인에 대한 해석

제4장 개발연대 성공의 원인 : 경제적 차별화원리의 실천

가. 개발연대의 대표적 성공전략 사례

나. 개발연대의 교훈

제5장 한국 경제 성장의 정체원인 : 경제적 평등주의 확산

가. 1980년대 후반 이후의 주요 정책실패 사례에 대한 고찰

〈불가사의 1〉 개혁 및 청산의 대상인 1960~1970년대의 개발연대 패러다임이 한국경제의 도약, 즉 한강의 기적을 가져왔다.

〈불가사의 2〉 경제민주화와 균형성장 정책기조 속에 선진화를 위한 경제개혁은 오히려 한국 경제의 역동성을 앗아갔다.

〈불가사의 3〉 지역균형발전정책 속에 대한민국은 서울(수도권) 공화국이 되었다.

〈불가사의 4〉 도 · 농 균형발전정책 속에 농촌은 더 피폐해졌다.

〈불가사의 5〉 자원배분의 왜곡을 시정하겠다는 경제력 집중규제와 균형성장정책 속에 경제력 집중은 더 심화되었다.

〈불가사의 6〉 대기업 규제 속에 중소기업 보호와 육성정책은 중소기업 경쟁력을 더 약화시켰다.

〈불가사의 7〉 형평과 분배지향정책 속에 소득분배는 더 악화되었다.

〈불가사의 8〉 사교육을 없애 균등교육 기회를 보장하겠다는 교육평준화정책이 오히려 공교육의 부실화를 초래하여 역설적으로 사교육을 조장함으로써 교육기회의 불균등을 더 조장하고 있다.

〈불가사의 8-1〉 이공계대학 육성 · 지원정책은 오히려 이공계대학의 경쟁력을 앗아갔다.

〈불가사의 9〉 금융자율화와 금융선진화 개혁 속에서도 여전히 관치금융은 해소되지 못하고 은행산업의 경쟁력은 개선되지 못하고 있다.

〈불가사의 10〉 우리는 지금 그동안 불균형을 심화시켜 온 그리고 우리 경제의 경쟁력을 약화시켜 온 정책들을 더 강화하려 하고 있지는 않은가?

나. 정책실패의 원인규명 : 한국 경제 역동성 하락은 평등주의정책의

    신과학 복잡계 이야기

7. 카오스의 날갯짓

저자 김용운 | 출판사 김영사

● 역사를 관통하는 위대한 진리를 찾아 과학이 제시하는 20세기 최후의 대안 - 복잡성 과학과 원형사관으로 본 한국 복잡계 세계로의 초대, 복잡계로의 여행, 원형의 세계 등으로 나눠 자연과학적 접근을 통해 민족의 의식과 문화와 역사를 들려준다.

목차 ─●

8. 카오스와 문명

저자 김상일 | 출판사 동아출판사

● 20세기 중반에 등장한 과학혁명 카오스(혼돈)이론을 인류문명사에 적용, 그 흐름을 심층 조망한 연구서.

목차 —●

9. 카오스 가이아 에로스

저자 랠프 에이브러햄 | 역자 김중순 | 출판사 두산동아

● 카오스 이론, 가이아 가설, 에로스라는 세 가지 흐름을 통해 인류의 역사를 독창적으로 해설한 수학교수의 저서. 인간 의식의 흐

름에 절대적인 구성요소가 되는 카오스, 가이아, 에로스를 통해 인류의 과거, 현재, 미래를 조망한 저서.

목차 ─●

10. 카오스에서 인공생명으로

저자 미첼 월드롭 | 역자 김기식 외역| 출판사 범양사출판부

● 우주, 은하, 행성, 동 · 식물의 생성에 대한 의문들을 흥미진진하게 풀어쓴 교양과학서.
산타페 연구소의 연구원들이 자연이나 인간을 관통하고 있는 법칙인 복잡성에 관한 공통적인 이론과 근원적인 비전을 공유하여 복잡성 과학의 의미와 발전, 현대사회가 안고 있는 문제들에 관한 이야기를 담았다. 복잡성 과학이 태어나게 된 우연과 필연의 동기를 서술하고 핵심적인 동기를 찾아보면서 앞으로 태어나게 될 미래의 복잡성 과학을 전망하고 있다.

목차 —●

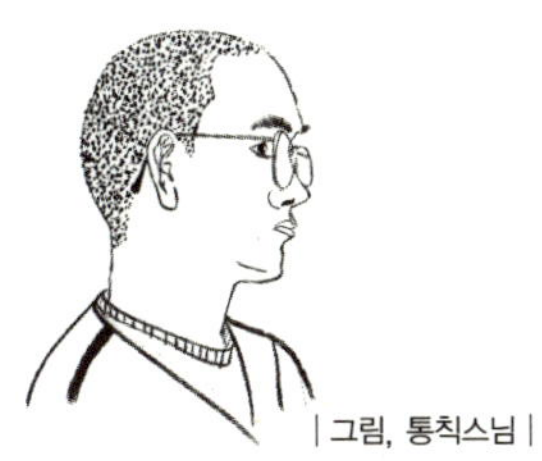

● 마하통달摩訶通達 스님

　그는 이른바 초기 신세대로 보통사람들이 보면 엉뚱할 정도로 생각이 튄다. 그렇지만 매사에 사고思考와 처신이 분명하여 경우에 벗어나거나 도리에 어긋나지 않는다. 또 순수하고 감정이 풍부하여 곧잘 자기감정에 빠져들기도 하는 천진한 면모를 갖고 있기도 하다. 성취동기가 높으며 불같은 호기심을 가지고 있고, 진리에 대한 뜨거운 열정을 가지고 있다. 또한 인류가 지금까지 축적한 모든 분야의 지적인 산물을 소중히 여겨 이해하려고 노력한다. 이지적이면서도 열정적인 인물이다.

　그는 출가하기 전 대학 학부에서는 심리학을 전공했고, 석·박사과정에서는 인문학을 전공하여 인간학에 폭넓은 관심과 시야를 갖췄다. 그 밖에 사회과학이나 자연과학에도 진중한 관심을 가짐으로 그의 탐구적인 천성의 자질을 볼 수 있고, 특히 스포츠를 좋아하고, 배구는 고등학교 시절 지역대표 선수를 지내기도 했다. 한국 젊은이의 한사람으로서 의당 군軍의

무를 마쳤고, 그후 대기업 광고회사에서 직장생활도 했다. 학부 때는 교내 불교 동아리의 회장 소임을 보느라 군 입대도 연기했었다. 출가 전에『나는 누구인가』라는 책을 역출譯出하여 일찍이 인간 내면에 대한 깊은 관심과 이해를 위한 수행법을 찾았다.

이후 출가하여 스님으로서 거쳐야 할 한국불교의 전통적인 과정을 이수했다. 먼저 율원律院에서 출가자로서 몸에 익혀야 할 위의威儀를 닦았고, 이어 강원講院에서 한문漢文을 위주로 한 내전內典을 두루 공부한 뒤, 선원禪院으로 가서 10하夏 안거安居를 목숨 건 용맹정진으로 성만했다.

그는 현대인들의 고뇌와 질문에 불교적인 명쾌한 대답을 주기 위해 남방으로 가서 상좌부를 4년에 걸쳐 이론과 실제를 공부했으며, 다시 인도 다람살라로 가서 달라이라마 회하會下에서 티베트불교를 4년 동안 공부했다.

그는 현대인의 고뇌와 질문에 우리 불교가 명쾌하게 대답하기 위해서는 과학기술문명의 주인공인 현대인에게 알맞는 새로운 수행법을 제시해야 한다고 생각한다. 그 방법을 체득하기 위해 그는, 오로지 그 한 가지 일에만 매달렸다. 그러나 남방이나 북방, 티베트 등, 어느 쪽 수행에도 치우치지 않고 자신이 몸소 수행해서 겪어본 뒤 제3의 수행법을 제시하고자 줄기찬 노력을 기울었다. 그 결과물이 행원수행行願修行이다. 바로 이 점이 그가 부처님으로부터 계승한 대비구세大悲救世의 정신이다.

그는 언어감각이 뛰어나고, 매사에 섬세하고 또한 대범하여, 업무를 통찰하는 판단능력이 탁월하다. 외모는 불교의 전형적인 선풍강골禪風講骨이다. 일상에서는 유머가 넘치고 언제나 웃는 얼굴로 사람을 대한다. 주로 상대의 이야기를 경청하는 쪽이며, 타인에 대한 이해와 공감의 폭이 유난

 신과학 복잡계 이야기

히 컸다. 따라서 질문자나 내담자는 그와 대화하는 것으로 이미 상담은 완성된 느낌이 들 정도였다. 이 점은 그를 처음 잠깐 스치듯 대하는 사람에게도 곧 친근감을 느끼게 하고 공경심을 일으키게 한다.

그는 자신이 하는 말과 글은 (무조건) 쉽고 (무조건)재미있되, 논리적으로 표현하려고 무진장 노력을 기울인다. 설법을 하든 대화를 하든 미리 생각을 하여 스스로를 잘 정리한다. 가끔 설법초청을 받으면 일주일 가량 준비할 정도다. 그의 주장인즉, 현대인들은 생존자체에 심한 스트레스와 고통을 받고 있기에, 또 다른 일로 스트레스와 고통을 받게 되면 생리적으로 그 일을 거부하거나 멀어진다고 보았다.

나아가 출가자는 '불교전문가'이기에 당연히 자기분야를 쉽고 재미있게 표현할 수 있는 능력을 충분히 갖추어야 세상에 대한 도리이며 의무이고, 상대에 대한 배려 내지 자비심의 출발이라고 주장한다. 결국 세상에 대한 연민과 깊은 고뇌가 출가자의 가슴에 있어야 한다는 말이다. 또한 위기에 처한 현재의 인류와 지구를 구할 불교적인 패러다임은 자성청정의 '연기·중도'라는 신앙심을 가슴에 간직하고 있다.

그는 세상이나 사물의 이치와 지식을 앞세우려는 것보다 마음의 이치와 뜻을 알아 실천하므로 언행에 막힘이 없다. 또한 문화예술에 대한 이해와 관심이 깊고, 무엇보다 인간의 존재와 그 존재의 궁극적이고 현실적인 삶의 양식인 '자유와 평화'에 지대한 관심을 가지고 있다. 인류가 축적한 지식체계를 더욱 발전시켜, 올바른 방향으로 나아가려면 인생과 우주의 근원인 마음을 밝히는 불교의 이법과 진리성의 예지력을 바탕으로 삼지 않으면 안 된다는 신념으로 살고, 부처님 대비구세의 한국적인 계승의 대각

행원구국구세를 사상토대로 한 우주적인 사고의 틀을 형성하고 있다. 이는 시간·공간의 무시무종을 바탕으로 하는 '불교우주관'의 확립이기도 하다. 그는 인간 탐진치의 결과물인 병든 지구를 살리려는 깊은 고뇌를 가지고 있다. 그 대안으로 불교적인 이념을 퍼뜨리려 노력한다. 그는 출가수행자로서 신분에 맞게 모든 사회적인 문제를 불교 안에서 답을 찾아 제시하려고 한다.

그는 무엇보다 불교의 핵심인 '자유와 평화'를 실현하기 위해 고뇌하고 정진하는 우리사회의 대표적인 정신지도자며, 21세기 한국을 대표하는 불교사상가이고, 법의 증거자가 되며 보살행의 중심이 되어야 할 출가자의 표상과도 같은 '스님 지성인'이다.

통달通達은 그의 법명法名이며, 금강경에서 얻은 이름이다. 마하摩訶는 법호法號이고, 반야심경에서 얻었다. 법호인 마하는 '크다, 넓다'의 뜻이지만, 대對의 언어사량을 넘어선 말이다. 세속에서는 음속을 넘어선 속도를 나타내는 말로도 쓰인다. 도반이나 지인들에게나 네티즌들에게 통하는 별명은 '맘짱'이다.

신과학 복잡계 이야기